A en el Siglo de Oro

José Calvo

ANAYA

Colección: Biblioteca Básica
Serie: Historia (Vida cotidiana)

Diseño: Narcís Fernández
Maquetación: Pablo Rico
Ayudantes de edición: Olga Escobar y Mercedes Castro

Coordinación científica: Joaquim Prats i Cuevas
(Catedrático de Instituto y
Profesor de Historia de la
Universidad de Barcelona)

Coordinación editorial: Juan Diego Pérez González
Enrique Posse Andrada

© José Calvo Poyato

© 1989, de la edición española, Grupo Anaya, S. A.
Josefa Valcárcel, 27. 28027 Madrid
I.S.B.N.: 84-207-3549-3
Depósito legal: M-39326-1989
Impreso por ORYMU, S. A. C/ Ruiz de Alda, 1
Polígono de la Estación. PINTO (Madrid)
Impreso en España - Printed in Spain

Contenido

Juan de Jauregui, Pinxit, año 1600.

¿Qué fue el Siglo de Oro?

La expresión Siglo de Oro para el caso español, que es el que aquí nos ocupa, se ha difundido ampliamente como denominación de una de las épocas más interesantes de nuestra historia. Sin embargo, esta expresión puede inducir a error, a la vez que plantea algunas dificultades en cuanto a su delimitación cronológica. Es habitual situar su comienzo en los primeros años del reinado de Carlos I, pero las opiniones sobre su final suelen diferir. Para algunos sería 1648, año en el que España tuvo que reconocer la independencia de Holanda y en el que la paz de Westfalia puso fin a los sueños del Imperio. Para otros, se prolongaría hasta 1665, momento en que finalizó el reinado de Felipe IV.

Para el propósito que a nosotros nos interesa, aproximarnos al vivir cotidiano de aquella época, la cuestión sólo tiene una importancia relativa, porque los aspectos que vamos a considerar —la ordenación de las ciudades, la vida hogareña, el ajuar doméstico, las celebraciones religiosas, la indumentaria o las actitudes ante la muerte— no se modificaron, lógicamente, en una fecha concreta.

La denominación Siglo de Oro es exacta según criterios artísticos y literarios. Pocas veces en la historia de un pueblo coincidieron hombres de la talla del Greco, Ribera, Velázquez, Martínez Montañés, Góngora, Cervantes, Quevedo, Lope o Calderón. Pero tras esta impresionante fachada cultural, la vida diaria de muchos transcurrió en medio de una sórdida miseria, que la novela picaresca retrató magistralmente.

5

1

Las ciudades y el mundo rural

Uno de los dramas de la España imperial fue la falta de hombres. Pocas veces en la historia a tan pocos se les ha pedido tanto. El sostenimiento de un Imperio donde «no se ponía el sol» fue obra de una sociedad de menos de siete millones de personas. Esta cifra de población resultaba muy pobre en comparación con los niveles demográficos de otros países vecinos. Los datos para el año 1600 indican lo siguiente:

La expulsión de los moriscos en **1609** supuso la pérdida de unos **300.000** súbditos. En este grabado del siglo XVI, miembros de dicha minoría sociorreligiosa con su indumentaria característica.

	Población	Densidad
Alemania	12.000.000	33 hab./km²
Francia	19.000.000	36 hab./km²
Italia	12.000.000	39 hab./km²
Holanda	1.500.000	50 hab./km²
Inglaterra	4.100.000	34 hab./km²
España	6.600.000	13 hab./km²

Esta escasez de efectivos humanos fue considerada desde fecha muy temprana como uno de los motivos más importantes de la crisis española. En este mismo año de 1600, Martín González de Cellorigo señalaba ya la despoblación de Castilla como un mal de graves consecuencias, y los viajeros extranjeros que visitaban la Península en el siglo XVII llamaron la atención sobre el escaso número de habitantes. Se sentían impresionados por la desolación de los grandes páramos castellanos, verdaderos yermos, donde a veces había que hacer muchas leguas para encontrar una aldea miserable.

El problema demográfico

Sevilla fue en el siglo XVI uno de los principales centros financieros. A su puerto llegaban las flotas de Indias, cargadas de metales preciosos y de exóticos productos. *Vista del puerto de Sevilla*, del pintor Sánchez Coello.

La vida urbana

Mendicidad y picaresca, dos elementos característicos de la sociedad española del Siglo de Oro, aparecen sintetizados en este *Niño Cojo* de Ribera, que contrapone a su aspecto miserable una cara sonriente y la mirada maliciosa del pícaro. En la página opuesta, plano de Madrid en el siglo XVII de Pedro de Texeira. El centro de la vida ciudadana de la capital de los Austrias, al igual que el de la mayoría de las ciudades españolas, lo constituía la plaza mayor.

Las ciudades

La vida urbana del Siglo de Oro experimentó un profundo cambio entre los siglos XVI y XVII. Mientras que en el primero se produjo un importante desarrollo urbano, en el segundo la crisis afectó a muchas poblaciones. Burgos, el gran centro comercial lanero, vio cómo disminuía su población de forma alarmante. Segovia era una ciudad desierta a los ojos de los visitantes y de su esplendoroso pasado textil apenas quedaba un recuerdo. Sevilla, el centro financiero más importante del mundo, vivía una grave decadencia y la terrible epidemia de 1649, que acabó con 60.000 de sus 150.000 vecinos, le dio el golpe de gracia.

Sólo Madrid, como cabeza y centro de la monarquía, siguió creciendo a lo largo del siglo XVII, constituyéndose en un importante centro de consumo. Sin embargo, el aspecto que ofrecía era muy pobre:

«La villa no está rodeada de murallas ni de fosos y las puertas no cierran el recinto; por añadidura las hay ruinosas. No tiene castillos que declaren una ostensible defensa, ni siquiera tapias que no puedan ser destruidas a naranjazos... Las calles son largas, rectas y de bastante anchura, pero no las hay de peor piso en el mundo; por mucho cuidado que se tenga, el vaivén de los coches arroja el fango a los transeúntes...»

En Sevilla, por el contrario, las calles, de trazado laberíntico, eran tan angostas que apenas si podía circular por ellas un coche.

El marco urbano constituía un mundo de contrastes. En las ciudades coincidían las grandes catedrales heredadas de la Edad Media y los importantes edificios surgidos al calor constructivo del Renacimiento —iglesias, palacios, hospitales— con casuchas miserables y arruinadas.

La falta de higiene era total. Las calles, polvorientas en verano y auténticos lodazales en invier-

9

La vida urbana

no, carecían de iluminación nocturna, lo que hacía que el ritmo de la vida se adaptase al de la luz solar. Cuando las campanas de las iglesias daban el toque de oración, las ciudades que tenían puertas las cerraban, y quedaba prohibido a las mujeres circular por las calles, por lo que la mayoría se recogían en sus casas. Estas circunstancias hacían de la vía pública un lugar idóneo para cometer toda clase de fechorías. No deja de ser sintomático el que se celebrase con luminarias un acontecimiento feliz: el nacimiento de un príncipe, un matrimonio real o una victoria militar.

Con todo, se hicieron notables esfuerzos para mejorar las ciudades. En muchas se construyeron plazas, por lo general de planta rectangular y porticadas, que se convirtieron en el centro de la vida ciudadana. Las calles que confluían en ellas, a menudo también porticadas, acogían las tiendas y talleres de comerciantes y artesanos, agrupados por especialidades, cuyos nombres adoptaron: Platerías, Cuchilleros, Tintoreros, Curtidores, etc. En Levante y Andalucía, para combatir los rigores del

La calle de Alcalá, donde todavía existía un inmenso olivar en tiempos de Felipe II, de ahí su antiguo nombre de calle de los Olivares, se convirtió en el siglo XVII en uno de los lugares más frecuentados por la gente principal de la corte. En la imagen, vista de la calle de Alcalá en el siglo XVII.

estío y aprovechando la estrechez de las calles —influencia musulmana—, se tendían lienzos y toldos de un lado a otro.

En torno al centro urbano reinaba la más completa anarquía. Allí se alzaban las casas de los humildes en mezcolanza con las mansiones señoriales. Apenas se podía hablar de calles en muchos lugares, aunque también existieron ordenaciones ortogonales, herencia de los trazados renacentistas, donde las calles principales eran cortadas en ángulo recto por otras secundarias. Faltaba la señalización más elemental. Muchas calles adoptaban el nombre de algún vecino popular y conocido y, otras veces, debían su denominación a las más variadas circunstancias. En Sevilla ocho calles llevaron el significativo nombre de Sucia, aunque ello no significa que las demás fuesen limpias.

Muchas ciudades eran en realidad aglomeraciones rurales pobladas por jornaleros que trabajaban el campo circundante y su vinculación a la ciudad sólo se debía a que tenían sus miserables viviendas en ella.

La vida urbana

En la España del siglo XVII la delimitación entre el mundo rural y el urbano era muy difícil de establecer: existían pequeñas poblaciones con un marcado carácter urbano frente a otras mayores que, más que ciudades, constituían grandes aglomeraciones rurales. Indiscutible era la primacía de la ciudad de Zaragoza dentro del reino de Aragón. *Vista de Zaragoza*, de Velázquez y Martínez del Mazo.

La vida urbana

En las ciudades los artesanos se concentraban en calles especiales; muchas conservan aún los nombres de sus oficios. El trabajo artesanal era muy duro, había menos fiestas que en el campo y las jornadas eran largas, pues no tenían las limitaciones del horario solar. La actividad laboral estaba estrictamente regulada por los gremios y las ordenanzas municipales. *El escobero*, de Herrera el Viejo.

Hidalgos, artesanos y delincuentes

No abundaban las ciudades populosas en aquella España. La mayor parte de las capitales de la meseta —Burgos, Segovia, Ávila, Zamora— se encontraban entre los 10.000 y los 25.000 habitantes; esa era la cifra de algunas poblaciones andaluzas como Écija, Ronda, Úbeda, Antequera o Lucena. Una población mayor tenían Córdoba, Valladolid, Jerez o Zaragoza, pero no alcanzaban los 50.000. Toledo, Granada, Valencia y Barcelona superaban esa cifra, pero no llegaban a los 100.000. Sólo Sevilla y Madrid eran centros verdaderamente populosos.

Las ciudades menores eran poco más que aglomeraciones de campesinos entre los que vivían cierto número de artesanos que satisfacían las demandas del consumo local: carpinteros, albañiles, tejedores, zapateros, curtidores, tejeros, etc. También se asentaban en ellas diferentes órdenes religiosas y un importante número de clérigos seculares, que podía alcanzar cifras muy elevadas si la ciudad era sede diocesana. Una parte de la población estaba constituida por hidalgos, cuyo número variaba de unas ciudades a otras. Estos formaban un conjunto ocioso porque su honor y prestigio sociales les impedían cualquier tipo de trabajo, lo que obligaba a muchos a llevar una existencia miserable, pero honrada.

En las grandes ciudades la aglomeración de gentes permitía una mayor variedad de tipos humanos. Los artesanos eran más numerosos, pues habían de satisfacer una demanda mayor y también había una gama más amplia de actividades; no faltaban los talleres dedicados a la fabricación de objetos de lujo, que tenían su clientela entre la alta nobleza o la burguesía dedicada a los negocios, en gran parte instalada en Sevilla. En estas poblaciones, las diferencias entre la minoría acomodada y las masas del pueblo eran abismales.

En determinados puntos de las ciudades la animación era extraordinaria. En Sevilla, en torno a las gradas de la catedral, alrededor de la Casa de Contratación y en la calle de Francos se situaba el centro mercantil de aquel *asombro del mundo*. En Madrid, el bullicio se concentraba alrededor de la Plaza Mayor. Como ocurre actualmente, en las grandes ciudades tenían un lugar muy importante las gentes dedicadas a la delincuencia o de vida irregular, que formaban un mundo del que tenemos abundante documentación. En Sevilla su número alcanzaba proporciones alarmantes bodegones, garitos y burdeles eran sus lugares de encuentro habituales. También se reunían en los dos claustros contiguos a la catedral, el de los Olmos y el de los Naranjos; y sobre todo, en el Arenal, a orillas del Guadalquivir. Existieron en Sevilla verdaderas sociedades de maleantes, llamadas cofradías, dedicadas al crimen organizado. Cervantes en *Rinconete*

La vida urbana

Este cuadro de la villa de Madrid, hacia el año 1640, muestra una escena que refleja perfectamente el ambiente típico de la vida urbana del Siglo de Oro: mendigos, hidalgos, una pendencia entre caballeros...

y *Cortadillo* describió con detalle su ambiente, reflejando en el personaje de Monipodio el aspecto y comportamiento de un jefe de la picaresca.

En el Madrid de los Austrias, una vez que la corte se instaló definitivamente, también abundaron los rufianes, los estafadores, los asesinos... Liñán y Verdugo escribió una *Guía* para aviso de los forasteros, en la que prevenía a los que llegaban a la corte de los riesgos a que se exponían. El hampa madrileña solía centrarse en las proximidades de la Puerta de Guadalajara, en la Plaza de Herradores y en los bodegones y burdeles de Santo Domingo y San Gil.

No fueron Sevilla y Madrid los únicos centros de la picaresca hispana. Alcanzaron fama el barrio valenciano de la Olivera, la cordobesa Plaza del Potro, el Azoguejo de Segovia o el vallisoletano Prado de la Magdalena.

El Siglo de Oro fue un período lleno de contrastes. Paralelamente al proceso de decadencia política y económica, la creación artística y literaria alcanzaba sus cotas más elevadas; mientras la corte y la nobleza seguían ofreciendo una imagen de esplendor, la miseria atenazaba a la mayoría de la población rural y urbana. Pintores y escritores lograron reflejar con extraordinario realismo la sociedad de su época. *Niño comiendo melón*, de Murillo.

14

El mundo rural: los campesinos

La vida rural que conocemos por testimonios literarios de la época, en especial el teatro, muestra perfiles más gratos. Pero en realidad las delicias de la aldea son una idealización tópica bajo la que había una realidad de dureza y miseria.

Pocos campesinos eran propietarios de las tierras que trabajaban; salvo en algunas zonas del noroeste peninsular y en Cataluña, el mundo campesino estaba integrado por una masa de jornaleros. Las famosas *Relaciones Topográficas,* realizadas por orden de Felipe II para conocer el estado de las zonas rurales, ponen de manifiesto esta cruda realidad. Por todas partes las respuestas revelaron que la pobreza era general y muy pocos tenían un «honesto pasar». La cantidad de impuestos que habían de soportar, sobre todo los que vivían en tierras de señorío, agravaba aún más esta difícil situación.

Un ejemplo: la cosecha de una aldea toledana, cuyo nombre no viene al caso, suponía unas 1.500 fanegas de trigo; de ellas, 150 eran destinadas a

La faceta costumbrista de Murillo no sólo aparece en sus cuadros de niños y pilluelos, también podemos apreciarla en su pintura religiosa, como en este cuadro, *San Diego da de comer a los pobres,* que muestra una estampa habitual en la sociedad de aquella época: los grupos de pobres que acudían a diario a los conventos para recibir su ración de comida, la llamada «Sopa boba».

15

pagar el diezmo eclesiástico y 400 a la renta del propietario. A las mismas había que añadir lo que se guardaba para sembrar al año siguiente que representaba el 20 por 100 de lo recogido. En resumen, la mitad de la cosecha iba a parar a otras manos y los campesinos aún habían de pagar los impuestos al rey. Cuando no podían satisfacerlos, los jueces ejecutores se encargaban de la cobranza y no tenían escrúpulos para despojar incluso de puertas, ventanas o tejas las miserables casuchas de los deudores, que se ponían en venta para cobrar lo que éstos debían.

Un representante granadino en las Cortes de 1621 exponía la triste situación de aquel reino:

«Muchas aldeas se han despoblado y han desaparecido; las casas se han derrumbado... las tierras son abandonadas, los habitantes van por los caminos con sus mujeres y sus hijos en busca de un remedio para sus males, como hierbas y raíces para sostenerse.»

La aridez del clima y los rudimentarios aperos de labranza —se desconcía el arado de ruedas y aún se labraba con el romano— contribuían a las dificultades. En el norte se usaban los bueyes como animales de labor, y en el resto mulos y asnos. A veces, el campesino sólo poseía un animal con

La mayoría de la población se ocupaba en la agricultura y vivía prácticamente al límite de la subsistencia. El coste de los animales de labor, era elevadísimo y pocos campesinos tenían la capacidad de ahorro suficiente para invertir en un par de bueyes o mulas para arar.

16

el que él mismo había de formar pareja para arar. Algunos labradores eran también dueños de cabezas de ganado, que pastaban en las tierras de barbecho —las que se dejaban descansar del cultivo en temporadas alternas— y en las grandes extensiones ocupadas por campos baldíos.

El aspecto de las aldeas era acorde con la miserable vida campesina. Sólo en las comarcas montañosas las casas tenían alguna parte de piedra; por lo general se usaba el adobe y en muchos lugares las viviendas eran chozas; en pocas casas se usaba el ladrillo y algún blasón indicaba la vivienda de un hidalgo. La consideración de los campesinos y aldeanos fue muy baja y el habitante de la ciudad les hacía objeto de sus burlas cuando por alguna circunstancia acudían a ella.

La vida rural

Cada año, con la llegada del verano, los campesinos se dedicaban a la recolección de los cereales. La era, con el trillo de madera arrastrado por las mulas, es una imagen que se ha conservado en nuestros campos hasta mediados del siglo XX.

17

2

La vida doméstica

A través de la documentación procedente de los archivos de protocolos, sobre todo la relativa a los testamentos y los inventarios; de las listas de ajuares de las dotes matrimoniales o de algunos relatos costumbristas de la época, podemos acercarnos a lo que fue la vida doméstica en el Siglo de Oro.

La vivienda

Era habitual que las familias fuesen propietarias de sus viviendas, aunque tenemos constancia de que también eran muchos los que vivían de alquiler; existía la costumbre de firmar los alquileres en junio, el día de San Juan, y en numerosas poblaciones se producía en torno a esta fecha un importante «movimiento familiar», al obligar la renovación de alquileres a que las familias se desplazasen de un lugar a otro de la ciudad. Estos desplazamientos eran rápidos y fáciles por lo exiguo de los ajuares y hubo ocasiones en que estos cambios de domicilio obligaron a las autoridades a posponer la decisión de elaborar un padrón hasta «después de San Juan que es cuando se ajustan los alquileres».

La casa mantuvo en Andalucía y Levante el esquema de la vivienda romana. De planta cuadrada o rectangular, sus dependencias se ordenaban en torno a un patio; si existía un piso superior las dependencias de éste estaban provistas de un balcón que daba al patio. En las otras zonas de la Península la planta baja estaba formada por un zaguán que daba a un oscuro salón y en la planta alta se instalaban las alcobas. La vida discurría en la parte baja porque la alta sólo era utilizada para dormir.

Entre las clases medias y populares el tipo de vivienda estaba en función de las posibilidades económicas de cada familia, siendo uno de los más

Las viviendas más humildes eran de una sola planta y, en caso de tener dos, cada una de ellas era ocupada por una familia distinta. Las clases más acomodadas disponían por lo general de viviendas de dos plantas. Fachada de una casa castellana del siglo XVII.

extendidos el *par de casas*, que era una vivienda unifamiliar de dos plantas. En verano la vida se hacía en la planta baja, donde se combatía mejor el calor estival, y en invierno en el piso superior, que ofrecía mayor resguardo contra el frío y la humedad; entre gentes más pobres, cada planta de la casa era ocupada por una familia. Los estratos sociales más bajos habitaban en casas de vecindad; en el centro de las mismas había un gran patio, en torno al cual se abrían las viviendas, por lo general, compuestas únicamente por dos piezas: una sala y una alcoba.

La vivienda

A las casas se entraba por un zaguán enlosado donde se abría una escalera que conducía al piso superior. Patio de la casa del Greco en Toledo.

El uso de velones para la iluminación estaba muy generalizado; normalmente, estas lámparas se fabricaban en latón.

En las casas acomodadas y de la nobleza de posición económica desahogada, se entraba a través de un vestíbulo pavimentado con ladrillos o baldosas, a diferencia de los suelos de tierra apisonada de los zaguanes de las viviendas modestas. En la planta baja había una serie de dependencias en torno a un patio, donde en los calurosos meses de verano transcurría la actividad del día. De uno de los ángulos del vestíbulo partía una escalera, cuya amplitud y disposición estaba en consonancia con la calidad de la casa, que conducía a la primera planta. En ella se encontraban los dormitorios y una serie de salones, cuyo número no guardaba relación con el volumen familiar, sino con la posición social del dueño y es en ellos donde se desplegaban el lujo y la ostentación, tan del gusto de aquella sociedad. A las imágenes religiosas se unían los espejos, los tapices y los cordobanes y a esta decoración que cubría las paredes se sumaban los bargueños, los escritorio, los aparadores y demás mobiliario, todo finamente tallado y decorado con incrustaciones y apliques de metal. Sobre los aparadores se disponía la vajilla y otros objetos, entre los que la plata ocupaba un lugar destacado.

Se usaban para la iluminación bujías de cera dispuestas sobre candelabros y lámparas de aceite, bien distintas de los candiles de torcida, humeantes y mortecinos, que alumbraban las casas humildes. Era corriente el uso de velones, unas lámparas formadas por una columna central apoyada en un ancho pie y provistas de numerosos picos, en cada uno de los cuales ardía una mecha.

Era bastante frecuente que el lujo derrochado en los salones contrastase con la austeridad e incomodidad de las zonas más privadas de la casa, como podían ser los dormitorios. Esta circunstancia es fiel reflejo de la enorme importancia que concedían a la ostentación y la apariencia los españoles de la época.

El mobiliario y el ajuar

El mobiliario y el ajuar doméstico estaban en consonancia con el nivel económico y social de las familias. Con todo, la gama de objetos —salvo en las casas de la alta nobleza— era monótona y pobre. Los muebles se reducían a una mesa y algunos bancos, además de un arca o baúl; las sillas no abundaban y estaba muy extendida la costumbre de sentarse en el suelo o sobre cojines. Las camas eran muchas veces de red; sostenida en clavos, se colgaba durante la noche y era recogida al llegar al día. También fue común el uso de colchones, tendidos sencillamente en el suelo o sobre bancos de mampostería. Las camas de madera eran un lujo que no muchos podían permitirse. Quizá, por ello mismo, fueron objeto de una exuberante

Las clases altas dotaban sus camas de numerosos adornos y las cubrían con doseles y cortinas que servían para crear un espacio más íntimo y de protección contra el frío. Cama de Felipe II, en El Escorial.

El ajuar doméstico

decoración barroca entre las familias adineradas; se ornaban con doseles, cortinas y numerosos adornos.

Lo habitual entre las clases populares era disponer de una sola mesa, que estaba por lo general en la cocina, donde en bancos de madera situados a su alrededor se instalaban los comensales, aunque las mujeres y niños solían comer en el suelo. La cocina era, además del lugar donde se preparaban los alimentos, centro de reunión de la familia que, a falta de otra estancia, pasaba mucho tiempo en torno a la chimenea que había en todas ellas. —cocina —familia

En las paredes de las casas encontraron lugar un gran número de cuadros y de estampas de asunto religioso. Su finalidad no era meramente decorativa ya que servían para expresar la piedad de sus habitantes. La generalización de este uso dio trabajo a numerosos pintores, artífices de mediocres cuadros de devoción. José Antolínez, *El pintor pobre*.

Las paredes de las viviendas humildes solían estar desnudas, si bien estaba muy extendido el uso de estampas o malos cuadros de tema religioso que satisfacían la devoción de los habitantes de la casa. Hasta en los aposentos de las posadas las paredes estaban llenas de estos devotos y mal pintados cuadros.

Cuando el nivel económico lo permitía solían utilizarse para decoración de las paredes los guadamecíes (planchas de cuero repujado). Ante ventanas y balcones se instalaban colgaduras y cortinas. El uso de cristales en las ventanas empezó a extenderse en las viviendas de esta época, aunque en las casas de los estratos sociales inferiores seguía utilizándose un papel encerado con el que se tapaban los pequeños tragaluces. Estos papeles impermeabilizados proporcionaban alguna protección contra el agua y el viento, pero sólo permitían la entrada de una luz mortecina.

Especial mención merecen los enseres de cocina, de los que tenemos amplio conocimiento a través de la pintura del barroco. Los fuegos de leña hacían de las trébedes y parrillas instrumentos obligados. Sobre ellas se colocaba una amplia gama de sartenes, cazuelas y pucheros fabricados con cobre o barro. También eran imprescindibles los morteros de madera, que en Andalucía se llamaban almireces y se hacían de bronce. Los lebrillos, especie de barreños de tamaño variable y múltiples usos, eran de barro, por lo general vidriado; las paletas y las cucharas solían ser de madera o de metal y los tenedores apenas se conocían. Completaban el panorama del menaje culinario escudillas, tazas, platos y tazones de peltre o barro vidriados y sin vidriar. Los objetos de cristal eran mucho menos comunes y su uso, sin ser exclusivo de las clases acomodadas, era muy restringido. En las casas ricas se usaban vajillas de plata, cristal o porcelana que a veces eran auténticas obras de arte.

El lujo y la ostentación fue una constante entre las clases acomodadas. Toda casa rica que se preciara utilizaba con profusión objetos de plata, tanto para la vajilla como en la decoración; de ahí el elevadísimo número de plateros existentes en la época que nos ocupa. Sobre estas líneas, jarra de plata del siglo XVI, de un taller toledano.

23

3

El pan era la base de la alimentación de las clases populares. Por lo general, la comida de un campesino se componía de pan con cebolla, ajos o queso. Apenas consumían pescado o carne, y, cuando lo hacían, ésta era siempre de la peor calidad.

La alimentación y los usos culinarios

La alimentación también era el fiel reflejo de las profundas diferencias sociales existentes y no sólo en lo referente a la composición de la dieta, sino en los usos y costumbres del comer. Con todo, la frugalidad fue la nota dominante, hasta el punto de que en la mayoría de las casas no había una estancia destinada específicamente a comedor. Había quien sostenía que el origen de muchas enfermedades estaba en la variedad de los alimentos.

Aunque no faltan testimonios históricos y literarios de banquetes pantagruélicos —hubo comidas donde se sirvieron mil doscientos platos— éstos fueron siempre algo excepcional. Esta moderación cotidiana, para algunos impuesta a viva fuerza, contrasta con la ostentación habitual en otras parcelas del vivir de cada día.

El pan y la carne

Por todas partes las extensiones de tierras dedicadas a la producción de cereales —trigo y cebada— eran mayoritarias, y algunas estaban dedicadas exclusivamente a este cultivo. Esta situación tiene una explicación muy concreta: el pan —que habitualmente se hacía de trigo, y en los momentos de extrema dificultad también se elaboraba con cebada, pese a las advertencias de los médicos sobre los efectos nocivos de ésta para la salud— era el alimento básico de las clases populares.

El trigo constituía la mayor partida presupuestaria para tres de cada cuatro familias y, en consecuencia, su precio y disponibilidad determinaban la economía de la mayor parte de la gente y la mayor o menor demanda de otros productos. Ante esta realidad las autoridades manifestaron siempre una particular atención para que el suministro de un artículo de tanta importancia no presentase dificultades, y para que el nivel de precios se mantuviese a la altura de la capacidad adquisitiva de las clases populares. En ocasiones una crisis de subsistencia podía causar graves motines populares, como el de Córdoba en 1652.

Entre las clases media y alta, el consumo de pan disminuía considerablemente. La carne de vaca o de carnero y la caza constituían la base de su alimentación. Las verduras se despreciaban y la fruta sólo se tomaba en calidad de entremés. *Bodegón*, de J. Esteban, 1606.

Las comidas

La carne desempeñaba un papel fundamental en la mesa de las clases acomodadas. Su distribución se hacía a través de carnicerías controladas por el ayuntamiento y arrendadas a un abastecedor, el *obligado*, que se comprometía, mediante un minucioso contrato, a que no faltase el producto. Fachada principal de la carnicería de Baeza.

Unos franceses que viajaban por España llegaron a una posada de Aranda de Duero y encontraron que tendrían un buen hospedaje, pero escasez absoluta de pan. La razón de esta penuria era que el alcalde mayor había mandado recoger toda la harina y el pan que había en el pueblo para distribuirlo proporcionalmente a las necesidades de cada vecino; tomó esta resolución ante el temor de una carestía por haberse helado el Duero y quedar paralizada la actividad de los molinos.

La carne también desempeñó un papel fundamental en la alimentación. De su importancia nos habla el hecho de que las autoridades municipales contratasen su abastecimiento a través de las carnicerías públicas y estableciesen contratos con carniceros que se obligaban a abastecer a la población. En las ordenanzas municipales se solía recoger con sumo cuidado y detalle todo lo relacionado con este asunto.

«Porque de las cosas más neçesarias e importantes a la buena gobernaçión de los pueblos es que aya orden en lo tocante a las carnysçerias.»

26

La carne se solía preparar guisada con abundante cantidad de especias y condimentos, lo que marcaba una profunda diferencia con otros países y por ello siempre llamó la atención de los viajeros que visitaban España. El pescado tuvo una importancia mucho menor, salvo en la Cuaresma, fecha en que su consumo —sobre todo de bacalao y sardinas conservadas en salazón— crecía de forma notable, pese a las exenciones de la bula.

> **Las comidas**
>
> El consumo de pescado dio lugar a una importante industria de salazón en determinadas zonas pesqueras.

Las comidas

La imagen que ofrece este cuadro de Velázquez queda bastante lejos de la realidad de la época. La embriaguez no era algo habitual; más que una bebida el vino era considerado como un alimento que servía, sobre todo en el campo, para completar el aporte calórico en sustitución de la carne, cuyo consumo no estaba al alcance de todos.

Los hábitos alimentarios

Tanto en las casas humildes como en las distinguidas lo normal es que sólo se hiciese una comida al día. Entre los más acomodados esta comida se componía de uno o dos platos de carne, que en Cuaresma se sustituían por pescado o huevos; las gentes modestas solían comer algo de carne, sobre todo cordero o cabrito, y pan. Los más pobres consumían legumbres y hortalizas, así como queso y aceitunas.

Los criados, que en algunas casas eran muy numerosos, no comían en éstas, sino que debían procurarse el sustento en sus propios hogares o en los numerosos bodegones y puestos callejeros donde se preparaban comidas. Estas solían consistir en guisados de hortalizas en cuyo caldo se mojaba pan.

Los criados que se ocupaban en servir la mesa solían aprovechar esta circunstancia para comer lo mismo que sus amos, por lo que se extendió el uso de pucheros y recipientes provistos de cerradura.

De todos modos parece ser que las raciones calóricas contenían lo necesario para el mantenimien-

to y en los colegios mayores eran abundantes, situándose habitualmente por encima de las 3.500 calorías y alcanzando en ocasiones las 4.500.

Uno de los platos más conocidos fue la *olla podrida*, un cocido con abundante carne de cerdo. Por el *Arte Culinario* de Francisco Martínez, cocinero de Felipe II, conocemos entre otras recetas la de la *comida blanca*: un picadillo de lonchas de carne de ave cocidas a fuego lento en una salsa de leche, azúcar y harina de arroz. Otro cocinero famoso fue Fernández Montiño, inventor de la pasta de hojaldre y de la tortilla a la *cartuja*.

Frente a la frugalidad obligada de muchos y admitida como costumbre por otros, también fueron famosos por su extraordinaria abundancia algunos festines, como el que en 1605 se ofreció al Gran Almirante de Inglaterra. Constaba de 1.200 platos sin incluir los postres y con tanta generosidad que a los mirones de turno se les permitió *diente libre*. Cervantes también dejó testimonio de un banquete extraordinario en el episodio de las bodas de Camacho del *Quijote*.

La alimentación era poco variada entre las clases populares. Por el contrario, la imaginación de los cocineros volaba sin descanso para satisfacer el deseo de novedad de los que podían costear banquetes con un número exagerado de platos.

29

El vino y otras bebidas

El consumo de vino era habitual pero, al contrario de lo que pudiera creerse, se bebía con moderación. Así, por ejemplo, lo encontramos con asiduidad en la dieta que se estipulaba con los trabajadores contratados para determinadas tareas estacionales; pero no constituía un producto de consumo básico y estable. Estudios recientes han puesto de relieve que en Madrid su demanda fue muy elástica y en el último período del Siglo de Oro su consumo experimentó un notable descenso. Según las estimaciones estadísticas de que disponemos, a finales del siglo XVI los madrileños be-

El consumo de vino era menor de lo que pudiera creerse y, a lo largo del siglo XVII, experimentó un considerable descenso. Numerosos testimonios recogen la parquedad en el beber de los españoles. *Joven bebiendo vino*, de Murillo.

bían 207 litros por persona y año; 165 en 1630, y sólo 66 litros en 1685. Este descenso tuvo su reflejo en determinadas áreas vinícolas, donde muchos viñedos dejaron de cultivarse y los terrenos que cubrían, como ocurrió en el caso de la campiña de Córdoba, fueron ocupados por olivares.

Abundantes referencias ponderan el comedimiento general de los españoles ante el vino, una bebida que las mujeres apenas tomaban y de la que los varones consumían un cuarto de litro al día de promedio. El llamar borracho a un español del Siglo de Oro era uno de los peores insultos que podían lanzársele.

Por el contrario, las bebidas refrescantes estuvieron muy extendidas, lo que hizo que la nieve se convirtiese en un artículo de suma importancia y que las autoridades se ocupasen de que no faltase su abastecimiento. Asimismo se hacía de ella uso terapéutico. Parece ser que durante los siglos XVI y XVII se produjo un período de frío que favoreció una mayor acumulación de hielo y nieve; esta nieve se traía a las ciudades a lomos de mulas y se conservaba en los «pozos de nieve», lo que permitía disponer de ella en pleno verano. Algunas bebidas como la *aloja* —mezcla de agua especiada y miel— o el *hipocrás* —vino azucarado y especiado— se servían frías, a partir de los siglos XVI y XVII.

Pero la bebida española por excelencia era el chocolate, cuyo consumo se extendía a todas las clases sociales; a diferencia de Francia, donde se servía muy fluido, en España se hacía muy espeso y solía acompañarse de bizcochos o tortas. He aquí un testimonio sobre el chocolate:

«Después de los dulces nos dieron buen chocolate, servido en elegantes jícaras de porcelana. Había chocolate frío, caliente y hecho con leche y yemas de huevo. Lo tomamos con bizcochos; hubo señora que sorbió seis jícaras, una después de otra; y algunas hacen esto dos o tres veces al día.»

Las bebidas

El chocolate era una bebida desconocida hasta la llegada de Hernán Cortés a México. Los indios lo tomaban frío y amargo. Mezclado con azúcar y aromatizado con vainilla o canela, su consumo se convirtió para los españoles en una pasión casi obsesiva. Sobre estas líneas, chocolatera de cobre.

31

4

El vestido y el arreglo personal

En este terreno el Siglo de Oro vivió sustanciales variaciones, al margen de que las diferencias sociales determinaran modos y formas distintos en el vestido y en los adornos. Sin embargo, la preocupación española por la apariencia hizo que la indumentaria fuese para una mayoría objeto de importantes atenciones. Los extranjeros se sorprendieron por el lujo en el vestir de los menestrales; cualquiera de ellos vestía, si podía, de raso y terciopelo. El vestido femenino, por su parte, alcanzó gran complejidad, no sólo por la profusión de adornos sino por la forma misma de las prendas.

Algunos arbitristas —teóricos que proponían en extensos escritos remedios o arbitrios para los ma-

La capa era la prenda española por excelencia. Se usó de diferentes tamaños: en algunas épocas, cuanto más noble era el que la llevaba, más corta, incluso hasta media espalda; los artesanos y burgueses la llevaban hasta la cintura o cadera y los campesinos hasta los pies.

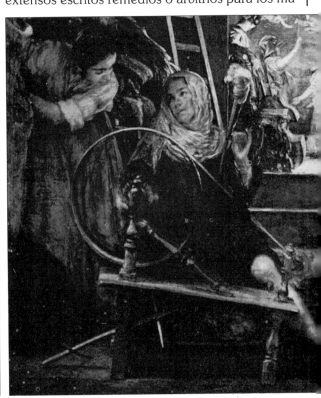

les del estado— achacaron una parte de la ruina del país al lujo que todas las clases sociales observaron en el vestir, y el gobierno tomó cartas en el asunto, dictando leyes (de escasos efectos prácticos) contra el lujo excesivo.

Es necesario señalar también la otra cara de la moneda: la miseria que alcanzó a sectores muy amplios de la población tuvo su repercusión en el vestir, siendo muchos los que andaban cubiertos de andrajos. Numerosos fueron los hidalgos pobres que remendaban una y otra vez sus gastadas ropas. La literatura picaresca reflejó la vida pintoresca de algunos de ellos que compartían la misma capa, calzas o jubón; cuando uno salía a la calle el otro había de permanecer en casa.

La riqueza de los tejidos y los complicados encajes y adornos de los trajes que llevaban la aristocracia y las clases acomodadas contrastaba con la sencillez de la indumentaria de las clases populares. Las mujeres humildes vestían faldas lisas, combinadas con camisas, sin más adorno que una pañoleta sobre los hombros, o cubriendo la cabeza en el caso de las viudas y mujeres de edad avanzada.

La indumentaria masculina

Salvo modas pasajeras, los españoles de los siglos XVI y XVII prefirieron el color negro para sus vestidos. Tal vez porque el negro acentuaba el aspecto de seriedad, y sólo bajo el reinado de Felipe III se impusieron colores más vivos. En general la indumentaria tuvo un carácter sobrio del que el lujo no estaba excluido en absoluto.

Durante el reinado de Carlos I se impusieron modas que perdurarían largos años, como las *cuchilladas*, aberturas realizadas en la tela de las mangas y calzones que dejan ver los forros, de colores vistosos.

En estos años, la indumentaria masculina constaba de *jubón, calzas y sayo*, una prenda con faldas que se vestía sobre el jubón. A partir de 1530 el sayo se sustituye por el *coleto*, chaleco corto sin mangas, o la *cuera*, prenda de origen militar que podía llevar mangas cortas. También se usaban la *ropeta* y la *ropilla*.

Entre las prendas de abrigo con mangas destacaba la *ropa*, abierta por delante y forrada de piel. Si ésta era de cordero se denominaba *zamarro*. Otra prenda de este tipo era el *tudesco*, semejante a la anterior, pero que se llevaba echada por los hombros, sin meter las mangas.

Se usaban también capas de diversos tipos, aparte de la propiamente dicha, entre las que destacaban el *capote*, el *tabardo*, el *capuz* y la *bernia*.

Las calzas podían ser *enteras*, heredadas del siglo anterior; pero a partir de 1530 se dividen en dos piezas: *medias y muslos o muslos de calzas*. Estas, en los años siguientes, empezaron a adornarse con cuchilladas, por lo que se hicieron más voluminosas, denominándoselas erróneamente *greguescos*.

Los hombres de las clases humildes llevaban calzones largos, parecidos a los pantalones actuales, o cortados en la rodilla, que se diferenciaban de

Este retrato de Felipe II recoge la moda masculina del siglo XVI. Pelo corto, barba, calzones cortos y anchos, acuchillados. El cuello, todavía bastante simple, no ofrece las complicadas formas que pronto alcanzará.

las calzas en que no se ajustaban a la forma de la pierna. Esta sencilla prenda se completaba con una camisa de lienzo, la capa de balleta —un tejido basto— y un sombrero de alas anchas y caídas.

En los estratos sociales intermedios se hacían sentir los vaivenes de la moda, dando lugar a versiones adaptadas a los distintos bolsillos de las prendas o formas dominantes en cada momento.

Los zapatos eran de piel, cuya finura variaba según el fin a que se destinasen. Entre las clases populares estuvo muy difundido el uso de alpargatas con suela de esparto y entre los campesinos se usaban las abarcas, calzado de forma tosca y ancha, fabricado en cuero basto, que se sujetaba a la pierna por medio de tiras de cuero o cuerdas de cáñamo; en algunas partes, la madera sustituyó al cuero para la confección de las suelas.

Una de las prendas que acusó notables cambios de moda fueron los cuellos. Bajo Felipe II y Felipe III alcanzaron una complejidad extraordinaria;

Indumentaria masculina

La evolución de la moda masculina puede seguirse a través de los cuellos: las rígidas lechuguillas, que los cercaban totalmente, fueron sustituidas por amplios cuellos de refinado encaje que recubrían totalmente los hombros, como puede apreciarse en los dos personajes centrales de este famoso cuadro de Velázquez.

35

Indumentaria masculina

El lujo y la ostentación en el vestir fueron causa, al decir de los moralistas, de la ruina de la nación. Las pragmáticas que se dictaron para regular y controlar el uso de ricos tejidos no obtuvieron ningún resultado. La profusión de ricos ornatos en las telas puede apreciarse en este cuadro de Zurbarán, *La Defensa de Cádiz contra los ingleses*.

eran las llamadas *lechuguillas*, de origen flamenco; rodeaban totalmente el cuello y su rigidez se conseguía a base de almidón. Bajo Felipe IV desaparecieron, siendo sustituidas por un cuello amplio orlado de encaje que caía sobre los hombros y la espalda. También alguna real provisión intentó poner freno al lujo que se derrochaba en estos accesorios.

Complementos indispensables eran las capas, espadas y sombreros, signos de hidalguía y distinción social, que terminaron por formar parte de la indumentaria de todos. Las espadas eran de una longitud descomunal y colgaban del *tahalí*, tira de cuero que cruzaba el torso desde el hombro derecho hasta la cadera izquierda. Los sombreros podían ir adornados con plumas, siendo las de los que llevaban los soldados de vistosos colores, mientras que los de los criados no las llevaban nunca, y las capas eran largas, lo que permitía embozarse con ellas; con el sombrero calado y embozado en su capa, un individuo era difícilmente reconocible.

36

El vestido femenino

Como sucede con la indumentaria masculina, hay un notable contraste entre el vestido de la mujer de clase humilde y el de las damas acomodadas o de la nobleza, o las prostitutas.

Entre las primeras, como podemos ver en *Las Hilanderas* de Velázquez, se usaban faldas largas y lisas, sin adornos, combinadas con blusas o camisas sencillas. Una prenda muy popular fue la pañoleta o manteleta triangular, que cubría los hombros y se anudaba sobre el pecho. Como prenda de abrigo se usaban mantos, hechos de paño de lana.

En cuanto a la indumentaria más suntuosa, sufrió varias modificaciones y contó con prendas muy características. El elemento más llamativo de los vestidos femeninos lo constituyó, sin duda, el *guardainfante*. Era un armazón formado por varillas,

La pintura Barroca, así como la literatura, nos ha dejado numerosos testimonios sobre la manera de vestir de los hombres y mujeres del Siglo de Oro. La sencillez en el vestido de las clases populares queda magistralmente reflejada en esta *Costurera* de Velázquez.

37

Indumentaria femenina

Retrato de María de Portugal (a la derecha), que muestra la moda femenina en el siglo XVI: jubón ceñido; hombreras en forma de media luna y cuello alto y ceñido, terminado por una gola rizada; la falda, larga y acampanada, cubría el pie. Arriba, retrato de la condesa de Monterrey que permite apreciar la moda femenina en el siglo XVII: jubón amplio, cintura muy ceñida y escote que deja ver los hombros; el guardainfante ha alcanzado un extraordinario desarrollo.

aros, cuerdas y ballenas, que daba una forma acampanada a la enagua y la basquiña que lo cubrían. Llegó a adquirir tales dimensiones que las mujeres para atravesar las puertas habían de ponerse de lado y algunas —de ser reales ciertas sátiras— no entraban por ellas. Su acampanada y abultada forma marcaba un profundo contraste con los apretados corsés que ceñían el talle y oprimían el pecho. Las mangas solían ser amplias y acuchilladas, dejando ver forros de vistosos colores.

A mediados de siglo los escotes alcanzaron tal generosidad, en clara oposición con los cuellos cerrados del siglo XVI, que una real orden acabó prohibiéndolos, salvo para las prostitutas, con escaso éxito.

Los vestidos eran muy largos, llegando hasta el suelo, y se adornaban con alforzas; solían hacerse en telas costosas como el tafetán, la seda y el brocado. El costo de este último era muy elevado —setenta reales la vara en 1680— y ello lo hizo caer en desuso incluso entre las clases pudientes.

Entre la aristocracia fue común utilizar como adorno de los vestidos perlas y piedras preciosas; la condesa de Lemos solía vestir corpiños de raso negro que se abotonaban con rubíes. Incluso se utilizaban piedras preciosas para las camisas; una perteneciente a doña Leonor de Toledo estaba bordada en oro y guarnecida con botones de esmeraldas y diamantes.

Conforme fue avanzando el siglo XVII el guardainfante cayó en desuso, en parte por la incomodidad de la prenda y en parte por las críticas de los moralistas que lo consideraban un artificio para esconder embarazos ilegítimos. De todas formas nos inclinamos más por la primera causa, ya que las disposiciones legales y las acerbas críticas que se lanzaron contra los amplios escotes, el lujo desmesurado y el abuso de afeites apenas si surtieron efecto.

39

Cosméticos y adornos

Una de las cosas que más llamó la atención de las visitantes extranjeras fue la profusión con que las españolas se maquillaban. Una de ellas afirmaba:

«Todas las señoras de esta sociedad abusan tanto del colorete, que se lo dan sin reparo desde la parte inferior de los ojos hasta la barbilla y hasta las orejas; también lo prodigan con exceso en el escote y hasta en las manos; nunca vi cangrejos cocidos de tan hermoso color.»

No se trata sólo de la opinión de una extranjera, el uso exagerado de cosméticos fue un hecho. Por

Las mujeres utilizaban un recargado maquillaje. Se blanqueaban la piel con solimán y se pintaban de color ocre las mejillas; los labios, que la moda quería pequeños, eran abrillantados con cera; los ojos y las cejas eran perfilados cuidadosamente con pinceles y coloretes para resaltar la mirada. Retrato de Juana de Austria, hija de Carlos I e Isabel de Portugal.

40

otra parte hay numerosísimos testimonios literarios, que documentan esta costumbre, tan extendida entre las clases altas como en las populares. Aparte del colorete, se blanqueba la piel con solimán y los labios se abrillantaban con cera. Se usaban también mascarillas de belleza, llamadas *mudas*, así como diversos sistemas de depilación.

Los perfumes, como el agua de azahar o agua cordobesa y el agua de rosas, también se usaron en abundancia. Sobre el modo en que se aplicaban tenemos un curioso testimonio que la condesa D'Aulnoy nos dejó en sus *Memorias*:

«Una de sus doncellas la roció con agua de azahar, tomada sorbo a sorbo, y con los dientes cerrados, impelida en tenue lluvia, para refrescar el cuerpo de su señora. Dijo que nada estropeaba tanto los dientes como esa manera de rociar, pero que así el agua olía mucho mejor.»

Estuvo muy extendido el uso de *chapines* —especie de chanclos de corcho con suela de madera y forrados de cordobán—, con los que además de ganar altura, se ocultaba el pie; una de las partes del cuerpo más celosamente guardadas por las españolas, lo que también parecía justificar que el borde de los vestidos llegase hasta el suelo. Uno de los últimos favores que en el galanteo se concedía a un caballero era enseñarle el pie.

Un elemento singular en el adorno femenino fueron los anteojos, que se pusieron de moda en el siglo XVII y a cuya popularización contribuyó Quevedo, generalizándose su uso entre los hombres, y a mediados de siglo era tan corriente que se llevaban sin destinciones de edad, sexo o posición social. Los guantes se llevaban cortos y abrochados a las muñecas, muy parecidos a los de los hombres. También eran cortas las medias y solían hacerse de *pelo*, es decir, de seda cruda.

Los anteojos, de montura redonda, de concha o metal y sin patillas, llegaron a estar tan de moda que algunos «lindos» y las mujeres que querían pasar por letradas los usaban como mero adorno, incluso sin cristales.

El peinado

A lo largo de esta época, el peinado sufrió diversas modificaciones. En el de los hombres se produjo un cambio sustancial; durante el siglo XVI el pelo se llevó corto y la barba poblada, como puede verse en los retratos que pintó el Greco de hidalgos castellanos, asimismo lo atestiguan los retratos reales de Carlos I y Felipe II. Por el contrario, en el siglo XVII se impusieron los cabellos largos —véanse los retratos velazqueños de Felipe IV o del conde-duque de Olivares— con numerosos bucles y rizos, y las barbas se redujeron a una exigua perilla y unos atusados bigotes.

El peinado femenino siguió una evolución inversa a la del masculino. En el siglo XVI las mujeres llevaban el pelo largo y con él se formaban trenzas o colas que con cintas y ganchillos se recogían sobre la cabeza adoptando, en ocasiones, disposicio-

A partir del segundo tercio del siglo XVI, los hombres llevaban el pelo muy corto y la barba les cubría todo el rostro. En el siglo XVII, el bigote y la patilla sustituyeron a la barba y se impuso la moda de la melena larga. *Retrato de Felipe IV*, de Velázquez.

nes muy complejas. Con la llegada del siglo XVII el pelo se acortó, siendo habitual la media melena, ahuecada con tufos y rizos naturales o logrados artificialmente con tenacillas y rizadores. Los artificios barrocos hallaron un fértil campo en la cabellera femenina, que se convirtió en soporte de toda clase de cintas, colgantes, plumas y adornos. Los sombreros, como un aditamento más del peinado, fueron corrientes entre las clases adineradas. Las viudas y señoras de edad se cubrían la cabeza con tocas de aspecto monjil.

43

5

Viajes, viajeros y noticias

La literatura ha divulgado una imagen poco real de la movilidad de los españoles de esta época. Los protagonistas de las novelas picarescas aparecen como trotamundos nómadas en continuo desplazamiento de una ciudad a otra. Los españoles que marcharon a América dan, en sus actividades descubridoras y conquistadoras, una imagen de viajeros incansables. La imagen del soldado es la de un hombre de mundo; siendo uno de los atractivos de enrolarse en los tercios el ver nuevas tierras. Era proverbial la movilidad del ejército español y la vía de comunicación que seguía para ir de Italia a los Países Bajos se conocía como *Camino español*.

Fueron los aventureros, los soldados o simplemente los pícaros los que dejaron esa imagen de bullicio y movilidad, pero la inmensa mayoría de los españoles fueron sedentarios en el más amplio sentido de la palabra: nacieron, vivieron y murieron en un mismo lugar del que apenas si salieron alguna vez. El horizonte vital de muchos se redujo a la villa o aldea donde nacieron y su mundo se acababa en un perímetro de escasos kilómetros. Fueron muy frecuentes los campesinos inmóviles, aferrados a su terruño, que sólo excepcionalmente, quizá una vez en la vida, acudían a la ciudad más próxima con ocasión de un acontecimiento que también era excepcional.

Los medios de transporte eran muy limitados, lo que hacía los viajes sumamente dificultosos y cansados. Frente a la imagen de movilidad ofrecida por algunos testimonios, la realidad era muy distinta y el sedentarismo más absoluto la norma.

VELIS MALAGA.

44

Las dificultades para viajar: impuestos y bandolerismo

La gran extensión de los señoríos —más de la mitad de las tierras de España pertenecían a este tipo de jurisdicción— dificultó los desplazamientos. El comercio se veía muy entorpecido y los comerciantes y mercaderes forasteros encontraban numerosas trabas para su actividad; en muchos lugares se les exigían diferentes impuestos por parte de las autoridades locales o por el señor que ejercía la jurisdicción.

El bandolerismo también constituyó un problema de graves consecuencias para los viajeros; sobre todo en los pasos montañosos y despoblados, la escasa densidad de población y las grandes distancias que, en algunas zonas, había de un lugar habitado a otro, favorecían las actividades de estos delincuentes. Muy famoso y peligroso era el paso de la Parrilla, situado en el camino real de Madrid a Sevilla, entre Écija y Córdoba. El comerciante gaditano Raimundo Lantery, en un viaje que realizó en 1687, tuvo que tomar precauciones importantes:

«Once escopetas, que todas eran necesarias, según el mal paso que es ese de la Parrilla, que es donde más han robado, camino de Madrid. Aún la voz corre que dichos ladrones salen de Écija para hacer dichos hurtos y aún que son caballeritos del lugar.

Eran objeto de los asaltos los correos reales, e incluso se llegaron a robar diligencias que transportaban dinero de la Real Hacienda, que iban escoltadas. Los comerciantes, buscando seguridad, procuraban agruparse para hacer sus viajes y el gobierno instó una y otra vez a las autoridades locales a que pusiesen vigilancia en sus términos y los limpiasen de asaltantes; a pesar de ello, el bandolerismo continuó su acción, entorpeciendo de forma notable los viajes.

Impuestos y bandoleros

La ausencia o escasez de fuerzas de orden público es una de las características de aquella sociedad frente a la moderna. En Castilla funcionaba la Santa Hermandad y las ciudades contaban con algunos alguaciles, pero se trataba de fuerzas mal coordinadas y los malhechores actuaban con impunidad, seguros de escapar a los castigos judiciales. La presencia de ladrones y salteadores de caminos fue un peligro frecuente para el viajero.

45

Caminos y puertos

La vías de comunicación

A la inseguridad se unía el mal estado de los caminos; sin embargo, los de España no eran peores que los de otros países de Europa. El firme no existía, lo que hacía que en verano fuesen pistas polvorientas, que con la llegada de las lluvias en invierno se convertían en barrizales impracticables. Hubo ocasiones en que por esta circunstancia los arrieros no pudieron abastecer alguna población importante, como ocurrió con Córdoba, incomunicada con su campiña, de la que recibía el abastecimiento de trigo, a causa de los aguaceros del invierno de 1683-84.

Los puentes para franquear los ríos eran escasos. Una ciudad como Sevilla sólo los tenía de barcas y Guadalquivir arriba había que llegar a Córdoba, para encontrar un puente de piedra, el que construyeron los romanos. Los puentes de madera resistían mal el paso del tiempo y solían estar en malas condiciones, lo que dificultaba gravemente los viajes. Ante esta escasez el cruce de los ríos se hacía en barcas, que se situaban en los vados más propicios, y que manejadas por barqueros cruzaban de una a otra orilla a personas, animales y mercancías.

muleteer

A las malas condiciones de los caminos se unía su inseguridad. Ello obligó a los comerciantes a reunirse en grupos para sus desplazamientos o a llevar fuertes escoltas, lo que entorpecía y encarecía el transporte de mercancías.

46

Posadas y medios de transporte

Las posadas, eran poco numerosas, e incómodas. Estaba prohibido vender comida a los extranjeros porque la rapacidad de que eran objeto por parte de los posaderos suscitaba continuas pendencias; el francés Bartolomé Joly, que viajaba por España a principios del siglo XVII, señalaba:

«Por lo que respecta a los alimentos, también aprendí a viajar según el uso del país, que es el comprar en distintos lugares lo que uno quiere comer, pues es imposi-

La escasez e incomodidad de posadas y ventas en la España del Siglo de Oro era proverbial. Los posaderos y venteros tenían fama de ladrones y de prestar mal servicio. Era habitual que no se sirviesen comidas porque los abusos originaban numerosas pendencias.

Las posadas

La técnica de caza del ciervo con arcabuz era también llamada «a buey pasado», pues el olor del buey impedía que la pieza olfateara al cazador. En los caminos, los cazadores vendían sus presas a los viajeros, ya que en las posadas, para que les sirvieran comida, debían suministrar ellos mismos los alimentos.

ble encontrar a lo largo del camino, como en Francia o en Italia, ventas que proporcionen al mismo tiempo albergue y comida.»

Cuando un viajero llegaba a una posada había de cocinar por su propia cuenta o entregar sus alimentos al posadero. Para el aprovisionamiento era frecuente encontrar por los caminos cazadores de perdices o conejos, que vendían a los viajeros el producto de su caza.

Sobre el acondicionamiento de las posadas son unánimes las quejas: eran lugares sucios, poco ventilados y mal acomodados. Las camas debían ser pésimas y estar llenas de chinches y pulgas. Las quejas no provienen sólo de los viajeros extranjeros, Cervantes en el *Quijote* nos dejó alguna descripción poco halagüeña de estos sitios y Mateo Alemán hace decir a Guzmán, después de haber pasado una noche en una posada:

«Si me pusiera a la puerta de mi madre, no sé si me reconociera, porque fue tanto el número de pulgas que cayó sobre mí, que como si hubiera tenido sarampión,

me levanté por la mañana sin haber en todo mi cuerpo, rostro, ni manos, donde pudiera darse otra picada en limpio.»

Junto al mal servicio y las pésimas instalaciones, posaderos, venteros y mesoneros tuvieron fama de ladrones y de cobrar precios abusivos, lo que repercutía en el precio de algunos productos, objeto de intenso comercio, ya que los gastos de los arrieros y mercaderes en sus viajes los encarecían. El Consejo de Castilla dictó órdenes para que se...

«...aplicase todo el desvelo y cuidado que pide la materia y en particular las casas de posada y mesones por los excesivos precios que se padecen y salen tan caros los portes.»

A lo largo del siglo XVI los mulos fueron sustituyendo a los bueyes como animales de tiro, ya que eran mucho más veloces. Mientras que una carreta de bueyes a lo sumo podía hacer tres leguas por jornada, los mulos duplicaban como mínimo esa distancia y los caballos la triplicaban. En el siglo XVII las recuas de los arrieros estaban integradas en su mayor parte por mulas y asnos.

Las literas fueron el medio de transporte típico del siglo XVI y durante el siglo siguiente fueron sustituidas por las diligencias; las había de dos y tres ejes; a estas últimas podían engancharse hasta veinte caballos y tenían capacidad para transportar a treinta o cuarenta personas.

Las carrozas, llamadas coches, se convirtieron en el signo más importante de distinción social, por lo que todos aspiraban a poseerlas; en ellas se desbordó la fantasía decorativa y llegaron a alcanzar un lujo extraordinario. También en este terreno el gobierno instó a la moderación y dictó numerosas pragmáticas reduciendo su uso a muy pocas personas, pero el fracaso coronó estas iniciativas.

Coches y diligencias

Carlos I fue uno de los grandes viajeros del siglo XVI, a diferencia de su hijo Felipe, cuyo carácter sedentario le llevó a dirigir desde un despacho un Imperio donde «no se ponía el sol». El emperador pasó su vida de un lado para otro: de Italia a Flandes, de aquí al Imperio alemán o a España. Viajó mucho a caballo y cuando el cansancio o los achaques no se lo permitieron usó esta litera.

49

El correo en la España del siglo XVI fue uno de los mejores del mundo. Dotado de numerosas postas para relevar los caballos, un jinete podía recorrer en un solo día muchas leguas montando diferentes caballos. Su uso por los particulares fue muy escaso y, como tantas otras parcelas de aquella sociedad, con el siglo XVII entró en una grave crisis y perdió buena parte de su eficacia.

Las noticias y el correo

La difusión de noticias planteó graves dificultades. Se dio el caso de que alguna de ellas, aun siendo trascendental tardó un tiempo larguísimo en conocerse. Clásico es el caso de la batalla naval de Lepanto, cuyo resultado tuvo en vilo a la cristiandad. Fuera del estricto marco cronológico del Siglo de Oro, pero no muy alejado temporalmente, se produjo la conquista inglesa de Gibraltar; sucedió el 4 de agosto de 1704, y el día 7 el Consejo de Estado, reunido en Madrid, discutía sobre las medidas que debían tomarse para defender la plaza del ataque enemigo.

A pesar de estas circunstancias el correo español del siglo XVI era mejor que el del resto de Europa, aunque se deterioró gravemente a lo largo del siglo siguiente. Se instituyó como correo real y a partir de 1580 como un servicio público; las postas no distaban entre sí más de cuatro leguas y estaban bien dotadas de caballos para los relevos. Había correos que podían hacer jornadas de hasta treinta leguas, unos ciento sesenta y cinco kilómetros. Un correo podía invertir entre Madrid y Valencia cuatro jornadas; de Madrid a Barcelona, siete y sólo tres de Madrid a Sevilla. Los particulares no solían usarlo porque resultaba demasiado caro y preferían emplear procedimientos más lentos pero más baratos. El coste del correo era pagado por el destinatario.

Cuando el gobierno quería difundir con urgencia una orden o una noticia numerosos correos salían de la corte con rutas asignadas que pasaban por las ciudades más importantes, en ellas entregaban el mensaje a las autoridades locales en presencia del escribano del cabildo, que expedía una certificación de la entrega y sacaba una copia del documento. Una vez realizado el trámite, el correo continuaba su ruta a la siguiente ciudad; a veces, los mensajeros disponían de tantas copias manuscritas o impresas como poblaciones había en su recorrido.

Entre el pueblo funcionó la transmisión oral. Los arrieros, los comerciantes, la gente que iba de un lugar a otro actuaban como transmisores. Su llegada era tan esperada por los productos que llevaban como por lo que podían contar, sobre todo si venían de la corte.

En la difusión impresa alcanzaron importancia las hojas volanderas y las gacetas; se trataba de hojas impresas en las que se recogían sucesos, historias y noticias; y a veces bulos. Del siglo XVII data el origen de la *Gaceta de Madrid* que con el tiempo se convertiría en el *Boletín Oficial del Estado*. Normalmente se imprimían en cuarto, constaban de cuatro páginas y su periodicidad solía ser semanal, de ahí que algunas tuvieran el nombre de *hebdomadarios*.

La difusión de noticias

Los caballos sustituyeron a los bueyes de tiro en las carretas de transporte al ser animales más rápidos. El carácter de las caballerías parecía contagiarse a los carreros y arrieros que, a diferencia de los boyeros, tenían fama de violentos. Carros de aprovisionamiento en un campamento militar.

6

Las relaciones familiares

La muerte prematura —cuestión que veremos con más extensión en otro lugar de este libro— fue un acontecimiento frecuente durante los siglos XVI y XVII. Esta triste y cotidiana realidad hizo que la institución matrimonial, como base de la vida familiar, no adquiriese solidez y que los lazos de sangre entre hermanos, tíos y sobrinos o abuelos y nietos se viesen reforzados. La muerte de uno de los cónyuges hizo muy habituales las segundas y las terceras nupcias; Felipe II, por ejemplo, contrajo matrimonio en cuatro ocasiones.

Las reiteradas epidemias, así como las precarias condiciones higiénicas y sanitarias, generaban numerosos viudos y viudas, que deseaban volver a contraer matrimonio ya que en estas circunstancias la reconstrucción familiar se convertía en una necesidad, que no siempre fue posible satisfacer, como pone de manifiesto la proliferación en los padrones de viudas como cabezas de familia.

Las segundas y terceras nupcias a causa de la muerte de uno de las cónyuges eran muy frecuentes. En la imagen, grupo escultórico de la Capilla Mayor de El Escorial en el que aparecen representados Felipe II; su cuarta esposa, Ana; don Carlos; su tercera esposa, Isabel; y la primera, María de Portugal. Falta en esta representación alegórica su segunda esposa, María Tudor.

52

La familia

En contra de una creencia tan falsa como generalizada la familia del Siglo de Oro no era muy extensa. Hoy se considera que debió de estar integrada por unos cuatro individuos; aunque el promedio de hijos por matrimonio se situaba entre tres y cuatro, la alta mortalidad infantil causó esta media más reducida.

Los lazos que unían a los miembros de la familia parece ser que fueron débiles; de ello hay numerosas referencias en la literatura contemporánea y algunos autores, como fray Tomás de Mercado en su *Suma de tratos y contratos,* afirman que en caso de necesidad los padres podían vender a sus hijos como esclavos. Otro indicio de esta situación lo ofrecen las elevadas cifras de niños abandonados al nacer, que provocaron un auténtico problema social; en algunas ciudades los abandonos alcanzaron hasta el 20 por 100 de los bautizos. Para explicar las causas de este proceder se han señalado los embarazos extramatrimoniales, lo que supondría que los códigos de comportamiento social estarían por encima del amor materno. También por las dificultades para la subsistencia, el nacimiento de un niño suponía la necesidad de alimentar una boca más en una sociedad donde comer era para muchos un problema cotidiano; en este sen-

Este cuadro es un raro documento sobre la vida familiar en el siglo XVI y una de las escasas ocasiones en las que se refleja la vida doméstica sin pasar por el tamiz de la temática religiosa. Incluso el gato es un elemento poco frecuente en la iconografía de la época. La llamada *Familia del pintor* atribuido al Greco.

La familia

tido resulta significativo que en los años de carestía se incrementara el porcentaje de niños abandonados.

En el seno familiar se prefería el nacimiento de varones sobre el de hembras, considerado por muchos como una desgracia. Cuando el Condestable de Castilla recibió la noticia de que su hija había dado a luz dos niñas, una viva y otra muerta, dio al mensajero cincuenta ducados, diciéndole «Mira que estos cincuenta ducados no los doy por la viva, sino por la muerta».

La mujer

El concepto de la mujer y, en consecuencia, su papel social, sufrió una importante modificación en estos siglos.

En los últimos tramos de la Edad Media se cerró una etapa caracterizada por la misoginia y con la llegada del siglo XVI se establecieron nuevas pautas, cuya raíz hay que buscar en el humanismo cristiano propugnado por Erasmo de Rotterdam, que dieron forma a un nuevo concepto de lo femenino. La mujer en este nuevo panorama tuvo tres funciones básicas: ordenar el trabajo doméstico, perpetuar la especie humana y satisfacer las necesidades afectivas del varón. Estas funciones se realizaban en el matrimonio, que se convertía así en una especie de oficio femenino.

El planteamiento más acabado de este concepto lo encontramos en la obra de Fray Luis de León *La perfecta casada*. El matrimonio se consideraba un fin y la mujer un objeto que el hombre sometía a su voluntad. Para llegar al matrimonio la mujer había de aportar una dote, cuyo valor variaba en función de la condición social de la desposada. Por este sistema la mujer pasaba de estar sometida a la autoridad del padre a acatar la del marido. Este planteamiento era el de los moralistas, que buscaban un ideal, pero tenemos abundantes testimo-

Fray Luis de León en *La perfecta casada* recoge las directrices del Concilio de Trento y nos ofrece un concepto ideal de mujer, para la que el matrimonio se convierte en un fin y cuyas normas de comportamiento deben ser la modestia, el recato, la obediencia, el sacrificio..., normas que parecen alejadas de lo que fue la realidad de muchas mujeres del siglo XVII. El Greco, *Dama con una flor en el cabello*.

54

nios de que en la vida real se producían muchos casos que se desviaban de esta pauta.

Las directrices del Concilio de Trento hicieron hincapié en la condena de las relaciones prematrimoniales y en la nulidad de los matrimonios clandestinos, lo que es claro indicio de su existencia. Además Trento no acabó con este tipo de situaciones irregulares; numerosas constituciones sinodales del XVII insisten en estas cuestiones, lo que nos indica su vigencia; por otra parte, el ideal plasmado por Fray Luis de León naufragó estrepitosamente. Numerosas referencias señalan que las normas de recato, obediencia, sacrificio, modestia, maternidad estaban muy lejos de la realidad de las españolas en el siglo XVII. Por todas partes se ponderaba la libertad de que gozaban las mujeres, o que era fuente de pendencias continuas.

La importancia que para la vida del siglo XVII tuvo el teatro hizo que las actrices de talento y hermosura adquiriesen gran popularidad y que en torno a ellas se forjasen numerosas leyendas. Una de las mujeres más famosas de su época fue María Calderón, conocida como «la Calderona». De las relaciones que mantuvo con Felipe IV nació un hijo, Juan José de Austria, el único de los bastardos reales legitimado por su padre. Supuesto retrato de la Calderona.

| La familia |

Ya desde la época de Fernando el Católico era costumbre que los bastardos de la realeza, es decir, los hijos habidos fuera del matrimonio, fuesen reconocidos y ocupasen cargos de relevancia. Casos notorios fueron el hijo de Carlos I, Juan de Austria, vencedor de la batalla de Lepanto, y el hijo que Felipe IV tuvo con la Calderona, Juan José de Austria del que vemos aquí un retrato ecuestre realizado por Ribera.

El matrimonio

El matrimonio fue asumido por la mujer como un fin, en el que influían factores sociales, conveniencias familiares o razones de linaje. Esto hizo que los matrimonios fracasados y la ausencia de amor entre los cónyuges se convirtiesen en tema preferente de la literatura; casi se estableció una relación inversa entre amor y matrimonio. Sin embargo, el matrimonio en contra de la voluntad paterna, rompiendo los moldes sociales, existió y fueron muchas las mujeres *depositadas* en conventos hasta que contrajeron matrimonio según su voluntad.

El matrimonio por imposición hizo que muchas mujeres tratasen de librarse del tedio que el mismo les producía y buscaban las fechas oportunas en el largo calendario festivo para escapar por unas horas o por unos días de la cárcel que suponía el hogar.

La costumbre de acceder a las relaciones sexuales, tras una promesa verbal o escrita de matrimonio por parte del varón, dio lugar a una proliferación de los nacimientos extramatrimoniales. Por otra parte no era infrecuente que los galanteadores no cumpliesen su palabra, dejando a las mujeres burladas y con la carga de un hijo.

Los bastardos llegaron a ser una realidad muy extendida, entre las clases de baja condición social se les abandonaba e iban a parar a la casa cuna; entre las clases privilegiadas eran frecuentemente reconocidos y criados por el padre junto a los hermanos legítimos. Bastardo fue don Juan de Austria, el vencedor de Lepanto, hijo del emperador Carlos y hermano Felipe II.

En España la mujer accedía al matrimonio a temprana edad, entre los diecinueve y los veintiún años, lo que suponía un adelanto de seis o siete con respecto a las francesas e inglesas. Muchos hombres se casaban por conseguir la dote que la mujer aportaba y uno de los mayores problemas

56

para los padres con abundante descendencia femenina fue reunir las dotes de sus hijas; en estas difíciles circunstancias se vieron muchos pequeños y medianos nobles con más posición social que ducados en sus bolsas. Para remediar estas situaciones se fundaron obras pías o se dejaron legados testamentarios, cuyo objetivo era dotar jóvenes para que pudiesen contraer un *honesto* matrimonio.

Frente a la imagen tradicional, y desde luego cierta, del español celoso, abundaron también los maridos consentidores que, según Quevedo, eran «una de las cosas más corrientes y que más se practica en Madrid». En el extremo opuesto, un escribano real, Miguel Pérez de las Navas, aprovechó la festividad del Jueves Santo en que su mujer había confesado y comulgado para darle garrote en su propia casa, por una leve sospecha de adulterio y en *El médico de su honra*, de Calderón, el protagonista, que sospecha injustamente de su mujer, obliga al médico a sangrarla hasta morir.

Junto al marido celoso de su honra y de su honor, abundaron también los maridos consentidores. En este grabado se recoge la «ejecución de la justicia de los cornudos pacientes y el castigo de las alcahuetas públicas».

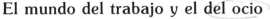

7

El mundo del trabajo y el del ocio

El honor y la honra, junto a la religiosidad, constituyeron los pilares básicos de la mentalidad de aquellos españoles, y para gozar de honor y honra había que huir del trabajo o cuando menos de ciertos trabajos. Los oficios mecánicos, es decir, aquellos que requerían de una actividad manual, eran rechazados, hasta el punto de considerárselos viles; por el contrario, la agricultura nunca manchó la honra de los que la practicaron.

En 1600, Martín González de Cellorigo, uno de los más agudos arbitristas de la época, resumió así la situación:

> «Lo que más apartó a los nuestros de la legítima actividad que tanto importa a la república ha sido el gran honor y la autoridad que se da a huir del trabajo.»

Trabajar no constituía para los españoles un fin —como ya empezaba a serlo para otros pueblos del occidente europeo—, sino un medio. Si para la Europa protestante el trabajo (y el obtener beneficios de él) santificaba, para los españoles era prácticamente una maldición bíblica.

El modo de vida noble era la aspiración de todos y ello suponía holganza, aunque la misma significase miseria. El espléndido retrato del hidalgo del *Lazarillo de Tormes* era la estampa de muchos, y su modo de vida, aunque no su pobreza, el ideal al que se aspiraba. Los artesanos adoptaban comportamientos y actitudes que les asemejasen a los hidalgos en el vestido, en las formas y en su concepto del trabajo.

La expresión *pobre pero honrado* constituyó todo un lema de aquella sociedad y la honra no sólo venía dada por tener «sangre limpia», sino porque no se ejerciesen oficios viles, ni entre los antepasados tampoco se encontrase alguno que los hubiese practicado.

El deseo de acceder a la hidalguía no sólo respondía a los privilegios que implicaba la pertenencia al estamento nobiliario, sino también al afán de honra y de distinción social que impregnaba toda la sociedad española. El desprecio hacia determinados trabajos fue una expresión más de ese «modo de vida noble» que todos pretendían imitar.

El trabajo de cada día

Ya hemos señalado que el trabajo no constituía un fin, sino una necesidad y sólo la necesidad obligaba a trabajar. Un viajero, Joly, refiriéndose a los artesanos de Valladolid, afirmaba que sólo trabajaban lo justo para salir del paso y

«la mayor parte del tiempo están desdeñosamente sentados cerca de su tienda y desde las dos o las tres de la tarde se pasean espada al cinto; ya no hay razón para que hagan nada hasta que habiéndolo gastado todo, vuelvan a trabajar».

Por lo que al trabajo diario se refiere, el historiador Bartolomé Bennassar ha señalado que debemos desterrar la imagen de largas y penosas jornadas de trabajo interminable. El ritmo laboral había de dejar tiempo suficiente para las diversiones y sabemos de un alcalde madrileño del siglo XVII que se quejaba de que la jornada de peones y albañiles era sólo de siete horas, incluido en ellas el tiempo para la comida.

Además del descanso dominical numerosas fiestas religiosas de ámbito general o local salpicaban el calendario laboral, sobre todo en el campo, aunque en las ciudades no faltaban las celebraciones organizadas por los gremios. Los largos ratos de ocio se llenaban con distintas diversiones, bailes, juegos, paseos...

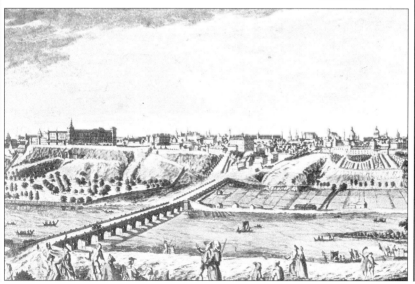

El descanso dominical era escrupulosamente observado y a él se sumaban numerosas festividades religiosas —generales o locales— que podían llegar al medio centenar anual; también se descansaba en las fiestas que surgían circunstancialmente, celebradas con teatro, toros o cañas y los lunes de asueto que en muchos lugares se establecían para reponerse de la fiesta dominical. Algunos cálculos señalan como no laborables la mitad de los días del año.

La aversión a ciertos trabajos hizo que los mismos fuesen ejecutados por esclavos, aunque la posesión de éstos fue más un signo de distinción social, que una inversión estrictamente económica. Parte de los trabajos más aborrecidos fueron cubiertos con inmigrantes extranjeros, siendo mayo-

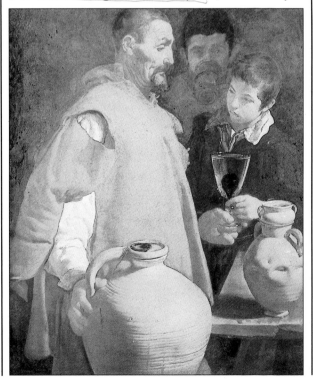

Las viviendas carecían de conducciones de agua. La gente se abastecía en las fuentes públicas y ello propició que muchos se ganasen la vida vendiendo agua. Eran los aguadores, instalaban sus puestos en las calles y de grandes cántaros sacaban el agua que servían en copas y jarras. Velázquez, *El aguador de Sevilla*.

ría los de procedencia francesa. Los trabajos a los que se dedicaron fueron, entre otros, los de aguadores, mozos de cuerda, caldereros, buhoneros, horneros o mozos de pala en las tahonas.

En las tareas agrícolas la estacionalidad del trabajo imperaba sobre otras consideraciones; había épocas en las que la inactividad era la nota dominante, frente a otras de actividad intensa. La fecha de mayor laboriosidad era la siega de cereales que coincidía con la llegada del verano y se prolongaba hasta agosto. La vendimia, allí donde la vid alcanzaba cierta extensión, y la recolección de aceitunas en las áreas olivareras también suponían una notable actividad, incrementada con el trabajo de lagares y molinos. El momento de mayor inactividad era la primavera. Este ritmo llevaba a masas de jornaleros a mendigar en los meses de paro forzoso e influía en determinados comportamientos sociales como, por ejemplo, la celebración de matrimonios en primavera, mientras que eran muy escasos en las épocas de actividad.

La ocupación en el campo estaba condicionada por el carácter estacional de las tareas agrícolas. Durante la recolección el trabajo era abundante, pero acabada ésta, el paro se convertía en un mal que afectaba a numerosos campesinos.

Criados y estudiantes

Fue grande el número de españoles que trabajaban en el servicio doméstico. El porcentaje de domésticos, criados y sirvientes fue muy elevado en el conjunto de la población activa. Debió de superar el 10 por 100 y ello supone que eran más de 200.000, una cifra mayor que la de artesanos.

Esta proliferación del servicio tiene su raíz en la costumbre de la nobleza, y de los que sin ser nobles tenían recursos abundantes, de rodearse de una legión de sirvientes. De nuevo tenemos que acudir a la importancia de la apariencia, la ostentación y el prestigio para explicarnos esta realidad. En el

Un gran número de personas se ocupaba en el servicio doméstico. En la corte fue creciendo la costumbre de tener enanos y enanas que formaban una parte importante del personal de palacio. *Retrato de Isabel Eugenia y Magdalena Ruiz*, de un discípulo de Sánchez Coello.

palacio del duque de Alba había cuatrocientos dormitorios para la servidumbre y aún eran pocos. Este deseo de acompañamiento no era un lujo exclusivo de los grandes; el más humilde zapatero, si tenía dos aprendices, los llevaba a los dos con él, portando cada uno un zapato, para efectuar la entrega de un par.

Los estudiantes constituyeron un grupo singular y abigarrado. Su presencia, a pesar de no ser muy numerosos, ambientó la vida de las ciudades universitarias como Salamanca o Alcalá de Henares; aunque no debemos desdeñar su influencia en centros como Sevilla, Zaragoza, Granada o Santiago e incluso en las pequeñas poblaciones como Baeza u Osuna. A pesar de que estaban sometidos a una disciplina rigurosa, tuvieron un papel importante en nuestros desórdenes callejeros.

La igualdad de privilegios de que gozaban los estudiantes por su condición, no borraba las profundas diferencias sociales que les separaban entre sí;

Los estudiantes

La fachada de la universidad de Salamanca, concluida en 1533, constituye todo un símbolo de la vida universitaria española del siglo XVI. En clara competencia con la de Alcalá, a sus aulas acudían estudiantes de variada condición social, que imprimieron un ambiente muy peculiar a la vida cotidiana de la ciudad.

Los estudiantes

a las aulas acudían los hijos de la nobleza y también los de familias más modestas. Si eran numerosos los estudiantes pobres o *sopistas,* cuya hambre y penuria han quedado en la tradición como características del mundo estudiantil, también muchos nobles se desplazaban a la universidad con toda una corte a su alrededor. Cuando don Gaspar de Guzmán, el futuro conde-duque de Olivares, llegó a Salamanca en 1601, iba acompañado de un gobernador, un preceptor, ocho pájes, tres ayudas de cámara, cuatro lacayos, un maestro de cocina, palafreneros y sirvientes.

Los exámenes de graduación de bachilleres, licenciados y doctores tenían notable proyección social, convirtiéndose en auténticas fiestas. Las oposiciones a cátedras fueron fuente de conflictos entre los distintos clanes académicos que deseaban el triunfo de sus candidatos.

El número de criados de una casa noble podía superar el centenar. Pajes, lacayos, cocheros y otros sirvientes formaban parte del séquito de la alta nobleza en sus desplazamientos y eran un signo más de la grandeza de su linaje. Toda una corte acompañó al conde-duque de Olivares, magistralmente visto por Velázquez en este retrato ecuestre, cuando se trasladó a Salamanca para estudiar en su universidad.

El ocio

La aversión al trabajo convirtió el ocio en objetivo de la mayoría; incluso los que trabajaban lo hacían en jornadas cortas y era frecuente el abandono de las tareas cuando se tenía lo suficiente para vivir y poder participar en las diversiones. Es decir, se trabajaba lo imprescindible para subsistir y el tiempo libre se dedicaba a la charla, al baile, al juego o al galanteo.

La charla, que con frecuencia se convertía en discusión y podía acabar en trifulca, ocupó muchos ratos de ocio, llegaron a instituirse hasta *academias de conversación*. El estilo de vida del hidalgo suponía salir a la calle por la mañana y hacerse ver paseando o conversando con sus iguales y, si sus posibles lo permitían, hacerse acompañar por un escudero o un criado. Entre los artesanos, cuando la necesidad no obligaba, era costumbre sentarse al sol con otros muchos y discutir sobre cualquier cosa, ocupando un lugar preferente las cuestiones de estado. Un testimonio de la época nos señala:

«A menudo riñen sobre eso: alguno que se cree mucho mayor político que los demás pretende que se sometan a su opinión y otros, tan tercos como él, no quieren hacerlo, de suerte que se baten sin cuartel.»

La afición al baile estuvo generalizada entre todas las clases sociales, lo que llamó la atención de los visitantes. Muchas horas de holganza se pasaban entre bailes en mesones y posadas, donde unos eran protagonistas y otros espectadores.

El galanteo y las relaciones amorosas ocuparon la atención de muchos, a pesar del peligro que entrañaban si la dama era casada. La visita a las mancebías y la relación con prostitutas fue frecuente; a tenor de los datos de que disponemos la actividad de los burdeles era extraordinaria.

En Sevilla, a mediados del siglo XVII, había unas 3.000 rameras y el burdel de Valencia llamó la aten-

---

Las distracciones

El galanteo, el paseo y la conversación llenaron muchos ratos de ocio de los españoles del Siglo de Oro. Sobre estas líneas, valenciana de paseo.

65

ción de sus visitantes, calificándolo algunos de admirable. Ocupaba todo un barrio y los precios no parecían excesivos. En el Madrid de Felipe IV había 80 mancebías y se cobraba medio real a los clientes, que habían de ser muchos en razón del elevado número de establecimientos. A las mujeres públicas que allí ejercían su oficio habría que sumar las que trabajaban por cuenta propia. También en Valladolid las prostitutas eran muy numerosas, abundando las que ejercían fuera de los burdeles autorizados, en los que la Real Hacienda cobraba en concepto de impuesto una parte de los dineros que allí se dejaban los clientes.

La pasión por el juego alcanzó a todos : cualquier ocasión era buena para que los naipes y los dados apareciesen sobre la mesa o el suelo; se jugaba en todas partes, hasta en las cárceles de la Inquisición. Las prohibiciones fueron continuas y su misma frecuencia delata su fracaso. Contradictoriamente, el Estado tenía el monopolio de la fabricación de naipes.

Este cuadro de Murillo muestra una escena de seducción y galanteo, *Dos mujeres a la ventana* que sonríen, muy probablemente, a un hipotético cliente.

Existían auténticas bandas de jugadores profesionales, Cervantes en sus *Novelas Ejemplares* nos dejó una viva descripción de estos tahúres y Murillo, en su pintura, nos muestra cómo todos compartían la afición por los dados y barajas.

En muchos documentos —legados, testamentos, etc.— se prohibía taxativamente el juego a sus beneficiarios, so pena de quedar excluidos, pero la afición era tal que les permitía jugar determinadas cantidades diarias o semanales. A veces, incluso, esas asignaciones eran elevadas: diez ducados diarios que equivalían a 110 reales. Hay que tener en cuenta que un artesano tenía como jornal dos reales.

Los jugadores

La pasión por el juego era compartida por tota la sociedad, hombres y mujeres, nobles y plebeyos. Se jugaba tanto en las casas honorables como en los mesones o garitos. Los soldados tenían autorización para jugar en los cuerpos de guardia. Murillo, *Niños jugando a los dados*.

8

Fiesta de Binche en honor de María de Hungría, Carlos I y su hijo Felipe (1549). La ciudad de Binche, aún en la actualidad, celebra unas tradicionales fiestas de carnaval.

Fiestas religiosas y diversiones profanas

En esta sociedad tan impregnada por la religiosidad, las fiestas y diversiones mantuvieron una intensa relación con la religión que si unas veces vinculó de forma total la festividad con la práctica religiosa, otras entabló un verdadero duelo, al oponerse la jerarquía eclesiástica y amplios sectores del clero a la celebración de determinadas fiestas. Si en el Corpus Christi lo festivo y lo religioso iban de la mano, el carnaval, el teatro o los toros encontraron una constante oposición de la Iglesia. Ello no fue obstáculo para que hubiera magníficos autores teatrales entre los clérigos, y para que muchos de ellos acudiesen asiduamente al teatro, e incluso a las corridas de toros, a despecho de sus superiores.

Las romerías

Las romerías fueron una de las celebraciones religiosas de mayor arraigo popular; en ellas la devoción se tomaba como pretexto para actos más mundanos y su frecuencia llenaba prácticamente el calendario. Las más importantes de Madrid fueron las de San Blas, San Isidro, San Marcos y Santiago. A la de San Marcos se la conocía con el nombre de *el trapillo* porque a ella sólo iban menestrales y artesanos de indumentaria astrosa; por el contrario, en otras romerías participaba la nobleza, siendo de las más concurridas la de Santiago *el Verde*; acudían a ella desde los grandes hasta el último villano, e incluso el propio monarca, como ocurrió en 1633.

Las romerías

Para el español del siglo XVII, incluyendo la monarquía y la nobleza, cualquier ocasión servía de pretexto para una fiesta. Martínez del Mazo, *Cacería en el tabladillo de Aranjuez.*

Las romerías

Las romerías constituían uno de los festejos más populares; en ellas participaban todas las clases sociales. Nobles, artesanos y mendigos se mezclaban en el bullicio de la fiesta, donde no faltaban las pendencias y los lances amorosos.

Estas romerías eran ocasión de bulla y jolgorio, comilonas y galanteos. La bebida, que corría abundante, era causa de pendencias y con frecuencia salían a relucir las espadas. Eran momentos propicios para las aventuras amorosas, lo que suponía un gasto notable para la bolsa de los galanteadores y un riesgo para el honor de los maridos. Góngora, aludiendo a esta romería famosa nos dejó una estrofa llena de picardía:

> No vayas, Gil al Sotillo
> que yo sé
> quien novio al Sotillo fue
> y volvió hecho novillo

La concurrencia de hombres y mujeres rompía la rígida separación de sexos que se observaba normalmente; por esta razón la autoridad eclesiástica siempre las vio con malos ojos.

El Corpus Christi

La celebración del Corpus era en muchos lugares la festividad más importante del calendario cristiano. Desde Roma se alentaron las grandes celebraciones litúrgicas que contrastaban con la austeridad de las prácticas protestantes. Los españoles sumaron a la adoración de la Eucaristía una serie de festejos que convirtieron el Corpus de nuestro país en algo único.

Parte indispensable de la celebración era la representación de autos sacramentales sobre tablados improvisados en algún punto del recorrido procesional; a veces, los tablados fueron sustituidos por *carros triunfales* que arrastraban un escenario móvil que acompañaba a la procesión. Formando parte del cortejo iba la *tarasca,* que el viajero francés Brunel describió así:

«Una serpiente sobre ruedas de tamaño enorme, con el cuerpo lleno de escamas, un vientre horrible, una larga cola, con ojos espantosos y fauces abiertas, de donde salen tres lenguas y dientes puntiagudos.»

Era habitual que el cortejo de las procesiones más importantes fuese acompañado por «carros triunfales», cuya estructura estaba decorada de forma espectacular y sobre los que se representaban cuadros alegóricos, fijos o con acción.

La tarasca, símbolo del mal, sostenía en un lugar del recorrido un fiero combate con un personaje que simbolizaba el bien y que siempre resultaba vencedor.

También intervenían en la procesión grupos de danzantes a quienes pagaba el cabildo municipal; estos danzantes eran auténticos profesionales, por lo general miembros de compañías de comedias, que aprovechaban la ocasión para ganar algún dinero extra. En los contratos que se establecían al efecto se pormenorizaba con detalle la vestimenta de bailarines y el número y tipo de danzas que se debían efectuar. Por lo común eran danzas populares que merecían el rechazo eclesiástico.

Lo que en el siglo XVI era algo excepcional se generalizó en el siglo XVII y hasta nuestros días ha llegado la «danza de los seises» de Sevilla como algo íntimamente relacionado con la festividad del Corpus en la capital andaluza.

La mayor o menor calidad de la tarasca, con su tarasquillo, gigantes y demás figuras grotescas, se medía por la cantidad de bengalas y cohetes que pudieran instalarse en su cuerpo, construido con madera, lienzo y pintura, y en sus siete cabezas, articuladas mediante un dispositivo que permitía que se acercaran a los espectadores.

La Semana Santa

Otro momento de solemne festividad en el calendario cristiano era la Semana Santa. En ciudades grandes y pequeñas, en villas y aldeas la conmemoración de la Pasión de Cristo suponía que todo un pueblo se echase a la calle para manifestar en las procesiones sus sentimientos religiosos; como ocurría con otras festividades religiosas, la Semana Santa era aprovechada por muchos para expansiones profanas. Francisco de Santos, en su libro *Las tarascas de Madrid* (publicado en 1664) se refería a los penitentes hipócritas y a los falsos devotos que aprovechaban la oportunidad para los ga-

La Semana
Santa

La celebración del Corpus Christi como exaltación del sacramento de la eucaristía se convirtió, en toda España, en la manifestación religiosa de mayor importancia. El centro de la misma era la custodia procesional en la que se exponía el Santísimo Sacramento a la veneración de todos. Los orfebres españoles ejecutaron verdaderas obras de arte con este motivo. Procesión del Corpus en Madrid con asistencia del príncipe de Gales.

73

lanteos. Las mujeres gozaban de libertad para asistir a las procesiones y visitar los templos, que durante estas fechas permanecían abiertos día y noche, convirtiéndose en verdaderos mesones y posadas si hacemos caso a algunos testimonios.

A las puertas de los templos y en sus alrededores se instalaban multitud de tenderetes donde se vendían pan, refrescos, pasteles y toda clase de comestibles. En las sacristías se acostumbraba a preparar comidas —a veces auténticos banquetes— a los que se daba el nombre de colaciones. En 1575 el arzobispo de Burgos denunció ante Felipe II esta situación, solicitando algún remedio, pero tuvo poco éxito.

Era frecuente la presencia en los actos religiosos, de penitentes que se sometían a tormentos voluntarios, azotándose cruelmente.

El ambiente de estas fechas llamó la atención de los extranjeros; madame Villars recogía en sus *Cartas de España*:

«Todas las mujeres se adornan y corren de iglesia en iglesia la noche entera, porque hay muchas que en todo el año hablan a sus amantes más que estos tres días.»

Por su parte, la condesa D'Aulnoy escribió:

«Algunas damas, con pretexto de la devoción, no dejan en tales días de ir a ciertas iglesias, donde saben, desde el año anterior, que sus amantes irán deseosos de contemplarlas.»

¿Referencias a un amor platónico y cortés, residuo medieval?

Ciertamente, también eran muchos los que vivían con recogimiento y fervor, ribeteado a veces de una dura austeridad, aquellas celebraciones; haciendo gala de un riguroso espíritu de penitencia. Pero el elemento profano invadía y hasta desbordaba el espíritu religioso de la festividad.

Durante la semana santa, las visitas a los templos y las procesiones ocupaban buena parte del tiempo de las mujeres, que no dejaban pasar la oportunidad de moverse libremente que les brindaba este tipo de acontecimientos.

Las diversiones profanas. el carnaval

En estos siglos se intentó convertir la vida cotidiana en un motivo permanente de diversión. El baile, el teatro y los toros fueron las distracciones de mayor arraigo y atractivo. Un historiador, refiriéndose al reinado de Felipe IV, lo expresó así:

«Pocas veces, en la trágica historia española, estuvo nuestro pueblo más alegre y pletórico de diversiones, espectáculos y fiestas...»

El ciclo de fiestas profanas comenzaba con el carnaval o *carnestolendas*. Lo fundamental de esta fiesta eran las máscaras y disfraces y dentro del cortejo carnavalesco tuvieron lugar destacado las *mojigangas:* grupos de gentes disfrazadas de forma grotesca —abundaban los animales— que recorrían las calles al son de cencerros y campanillas. Su popularización en el siglo XVII llegó a eclipsar otras diversiones.

> ### Las carnestolendas
>
> El carnaval que abría el ciclo de las fiestas profanas, se hizo tan popular durante el siglo XVII que llegó a eclipsar a otro tipo de diversiones como el baile o los toros.

El baile popular, que permitía mayor libertad y desenfado en los movimientos, contrastaba con la pausada elegancia de las danzas cortesanas, como la Pavana, danza renacentista de procedencia italiana que se introdujo en España en el siglo XVI.

Famoso fue el carnaval de Valencia, donde la batalla burlesca de don Carnal y doña Cuaresma —inmortalizada desde el siglo XIV por el Arcipreste de Hita— constituía un elemento básico de la diversión popular. Esta mascarada se repitió, a veces, fuera del marco carnavalesco, como ocurrió en 1599 con motivo de la boda de Felipe III, siendo uno de los protagonistas principales Lope de Vega, que concurrió vestido con un disfraz rojo.

El carnaval era época de bromas y chanzas y resultaba muy común poner cuerdas disimuladas atravesando las calles; arrojar a los transeúntes desde ventanas y balcones aguas inmundas y ceniza; lanzarse huevos podridos o llenos de sustancias malolientes, que entre la alta sociedad eran sustituidos por fragancias y perfumes. Una de las más extendidas diversiones populares consistía en romper una garrafa y atar su envoltura de mimbre con los cascos dentro a la cola de un gato, que corría enloquecido con su ruidoso acompañamiento.

El baile

Ya nos hemos referido a la importancia del baile como diversión y a su introducción en las más significativas celebraciones religiosas. Con formas diferentes se bailaba por todas partes, desde el alcázar de los Austrias hasta los más míseros mesones y tabernas; cualquier plazuela o esquina servía para improvisar una danza.

La aristocracia y aun la baja nobleza recibía lecciones de danza, sin cuyo dominio se consideraba incompleta la formación de un caballero o dama. Para ello hubo academias de baile y notables maestros —singulares fueron los de Sevilla— que nos dejaron algún tratado, como el de Juan Esquivel Navarro, que en 1652 publicó sus *Discursos sobre el arte del dançado*. Se distinguía entonces entre bailes y danzas; estas últimas eran de movimientos graves y pausados, usándose exclusivamente los pies, mientras el baile admitía gestos más libres y el uso de los brazos. Entre las danzas se distinguían dos tipos: las de cuenta, muy ceremoniosas, y las de cascabel, más desenfadadas. Había también danzas religiosas para las festividades de este carácter, aunque el elemento popular de las danzas de cascabel terminó por introducirse en ellas, con gran escándalo de las gentes más rigurosas.

Entre las danzas cortesanas destacaron la *pavana* y la *gallarda,* elegantes y suaves. Entre las danzas populares la *zarabanda* y la *chacona* arrebataron el entusiasmo en mesones y plazas, pese a la prohibición que pesaba sobre ellas por considerarlas pecaminosas. Lo cierto era que hasta las personas más serias acudían a presenciarlas y la justicia solía ser muy permisiva. La zarabanda tuvo fama de baile lascivo y provocador; Vélez de Guevara en *El Diablo Cojuelo* hacía jactarse al mismísimo demonio de haber sido su creador. Vivió su apogeo en la segunda mitad del siglo XVI y bajo el reinado de Felipe III. Su sucesora fue la chacona, que también atrajo las más duras críticas de los moralistas; su nombre parece derivar del de su inventora, la mujer de un tal Chacón.

Cualquier lugar era bueno para bailar, pese a las prohibiciones y censuras eclesiásticas. El grabado muestra una danza popular del siglo XVII.

Representaciones teatrales

El teatro

El teatro constituyó la afición suprema de aquella sociedad y casi ninguna fiesta profana o religiosa, popular o cortesana, se entendía sin él. Desde la corte hasta la última aldea, cualquier pretexto era bueno para representar comedias y farsas. Los estrenos levantaban en la corte la espectación de los grandes acontecimientos y la vida se paralizaba; el viajero francés Brunel comentaba al respecto:

«El pueblo se interesa tanto por esta diversión, que apenas si puede hallarse en ella un sitio.»

En las ciudades más importantes, como Madrid, Sevilla, Barcelona o Valencia, había locales estables, llamados corrales; se trataba de lugares descubiertos en uno de cuyos extremos estaba el escenario y en el otro, la parte destinada a las mujeres: la cazuela; a ambos lados se encontraban las gradas donde se situaban los hombres de cierto rango social y sobre ellas se abrían ventanas y balcones que constituían los reservados. Pero la parte fundamental era el patio; así se denominaba a la zona central del corral, situada entre las gradas, la cazuela y el escenario. Estaba dividido en dos mi-

En un principio, las representaciones teatrales se celebraban en el patio de una posada, el escenario se situaba en un extremo y las galerías hacían las veces de miradores. A finales del siglo XVI aparecieron los primeros corrales con instalaciones fijas para las representaciones teatrales. Reconstrucción de un corral de comedias.

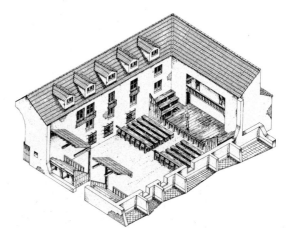

tades, una delantera, ocupada por bancos, y otra posterior, separada por una viga, donde se asistía a la representación de pie.

Madrid contó en el Siglo de Oro con dos grandes corrales, el de la Pacheca y el de la Cruz; ambos eran descubiertos y se protegían del sol con toldos; si llovía se suspendía la función. En Granada se habilitó para teatro la Casa del Carbón, por lo que su nombre popular acabó siendo corral del Carbón. Toledo tenía uno desde 1576, construido a expensas del municipio, que lo usaba como depósito de frutas cuando no había representaciones. En Zaragoza se construyó uno en el Coso y su explotación la tenía el Hospital de Gracia, y en las Ramblas barcelonesas se levantó a principios del siglo XVII el corral de la Cruz. Sevilla, que competía con la corte, tenía tres corrales: el de doña Elvira, el de la Montería y el Coliseo; este último tenía cubierta de madera sostenida por columnas de mármol, poseía bancos fijos y sillas forradas de cuero. Se incendió en 1620, pero fue reconstruido pocos años después.

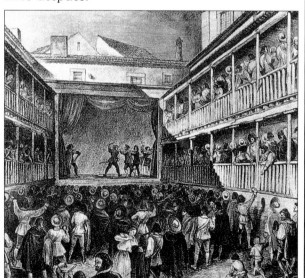

Amplios sectores del clero se opusieron a determinadas prácticas y celebracios religiosas, como los bailes en el cortejo de la procesión del Corpus, las romerías o lo toros, por el sabor profano y la concurrencia de sexos, que rompía los deseos de separación que deseaba imponer el catolicismo contrarreformista. Por la misma razón, se opusieron al teatro, donde se sumaba además el contenido de algunas obras.

Era frecuente que la explotación de los corrales estuviese a cargo de instituciones benéficas o cofradías religiosas, lo que no fue obstáculo para que desde sectores eclesiásticos se lanzasen duras críticas contra las representaciones por considerarlas pecaminosas; a pesar de ello los teatros se llenaban a rebosar y era preciso acudir con antelación si se quería conseguir una localidad cuando no se tenía asiento reservado.

Las mujeres mostraron una gran afición y la cazuela se convertía en un hervidero. Bajo Felipe III les estuvo prohibido asistir, pero su ausencia restaba público e ingresos a las instituciones benéficas, por lo que muy pronto se suspendió la prohibición. Entre el público masculino merecen mención especial los espectadores del patio, los llamados *mosqueteros,* que eran verdaderamente los dueños del corral; formaban una abigarrada y temible masa de artesanos y menestrales que, abandonando sus quehaceres, acudían con capa y espada. Ellos decidían con sus silbidos o aplausos la suerte de la representación y entre aquel inquieto público los zapateros gozaron de especial autoridad.

El teatro fue la gran pasión del Siglo de Oro. La llegada de los cómicos era esperada con ansiedad en los pueblos y las ciudades importantes, donde, con ocasión de las fiestas, no podían faltar las representaciones teatrales.

Los toros

Los toros compartieron con el teatro la pasión de los españoles. Los espectáculos taurinos estaban menos reglamentados que las comedias y su celebración respondía, por lo común, a circunstancias ocasionales.

Las corridas de toros que se realizaban fundamentalmente a caballo eran entonces una actividad propia de caballeros, aunque también existían humildes lidiadores de a pie, que recibían por su trabajo una remuneración en consonancia con el éxito del espectáculo. En esta época empezaron a organizarse en las grandes ciudades ciclos taurinos fijos que solían coincidir con la festividad de los patronos; a estos festejos se sumaban los celebrados con carácter extraordinario para solemnizar algún acontecimiento singular.

Al no existir plazas de toros, las corridas se efectuaban en las plazas públicas, acondicionadas al

La fiesta de los toros

Para la celebración de las corridas de toros había que acondicionar el escenario en las plazas. Numerosos carpinteros preparaban los tablados donde se acomodaban los espectadores que no tenían cabida en los balcones. Al espectáculo taurino se añadía el del séquito real así como el vistoso desfile de las cuadrillas de lidiadores.

PLAZA DMADRID

La fiesta de los toros

efecto. En Madrid el coso por excelencia fue la Plaza Mayor, donde podían tener cabida hasta 50.000 espectadores; en Córdoba se utilizó la plaza de la Corredera y en Valencia la del Mercado. También Zaragoza y Sevilla celebraron importantes espectáculos taurinos.

En Madrid la presencia de los reyes y los cortesanos en los toros fue muy frecuente y se pagaba una fortuna por presenciarlos desde un balcón; al pie de ellos se instalaban unos tablados, donde se apiñaba la multitud.

Los lidiadores eran gente de alcurnia y la suerte más habitual era el rejoneo a caballo; si por alguna circunstancia el jinete no acababa con el toro, eran los miembros de a pie que integraban su cuadrilla

Fiesta de cañas en la plaza mayor en honor del príncipe de Gales, de Juan de la Corte. La plaza mayor de Madrid fue escenario habitual de este tipo de festejos en la España del Siglo de Oro.

los que lo hacían. Cuando la ocasión lo exigía actuaban los grandes, quienes concurrían con vistosas y nutridas cuadrillas, constituyendo el desfile de las mismas uno de los momentos más esperados, por el lujo y la ostentación que se derrochaba. Lidiadores famosos del siglo XVII fueron los condes de Villamediana y de Cabra, los duques de Uceda y Lerma y los marqueses de Almazán, Villafranca y Priego.

Las corridas solían durar bastantes horas, interrumpiéndose para comer, ya que era frecuente lidiar entre dieciocho y veinticuatro toros. Su celebración se convertía también en ocasión propicia para el galanteo por la concurrencia de hombres y mujeres a un mismo lugar.

Los juegos de cañas, de marcado carácter caballeresco, en los que varias cuadrillas de jinetes competían en destreza, atraían a numerosos espectadores. Con frecuencia, se celebraban asociados a las corridas de toros en la plaza mayor.

9

Las vivencias espirituales y las creencias

Pocas épocas han vivido una tensión emocional y espiritual tan intensa como el Siglo de Oro. La contrarreforma, reacción de la Iglesia Católica contra la reforma protestante, cobró en España caracteres singulares; a las directrices del concilio de Trento se sumaba la acción de la Inquisición. La espiritualidad y el sentimiento religioso alcanzaron durante estos siglos una extraordinaria complejidad y riqueza.

Encontramos una sorprendente amalgama de modos de sentir la piedad, que en ocasiones son francamente contradictorios. Desde el espíritu militante de la Compañía de Jesús, que adopta unas formas de expresión combativas, fiel reflejo de la contrarreforma, al intimismo místico, búsqueda personal e individualizada de una unión trascendente con Dios. Asimismo cobraron gran auge en aque-

lla época los comportamientos extremosos o desviados.

En los escándalos a que daban lugar estos modos de proceder se aludía con frecuencia a la complicidad del diablo, lo que nos lleva a otra constante de la religiosidad del Siglo de Oro, la obsesión por el diablo; aunque no fue, ni mucho menos, algo exclusivo de la espiritualidad española, sino que estuvo extraordinariamente extendida por toda Europa.

En estrecha relación con el diablo están los innumerables casos de brujería y posesión diabólica, que daban lugar en el primer caso a persecuciones implacables que terminaban en multitudinarios *Autos de Fe*, donde se juzgaba y ejecutaba a los culpables de prácticas brujeriles, y en el segundo caso, a la actuación de exorcistas, para expulsar a los demonios de aquellas personas de las que se habían poseído. El propio rey Carlos II fue objeto de exorcismos, pues se llegó a considerar que las enfermedades que padecía y sus dificultades para engendrar un heredero se debían a un fenómeno de posesión diabólica.

La obsesión por el diablo

Los autos de fe, que como todos los acontecimientos importantes para la vida de la ciudad se celebraban en la plaza mayor, constituían uno de los espectáculos con mayor afluencia de público. Rizzi, *Auto de fe en la plaza mayor de Madrid en 1680.*

85

El arte como expresión de la espiritualidad

Hoy sería posible valorar lo que fue la espiritualidad española en el Siglo de Oro a través de las obra de sus pintores y escultores, ya que sirvió de soporte a las directrices marcadas por la Iglesia Católica en el terreno de las prácticas religiosas. Se buscó, frente al intimismo protestante, una religión colectiva y volcada hacia el exterior, siendo el objetivo básico proyectar fuera de los templos las vivencias religiosas e incluso llegar a establecer una relación entre lo religioso y los quehaceres y realidades de cada día.

En este terreno, Ribera, el gran artista valenciano, pintó una larga serie de imágenes de santos que, captados en el momento más doloroso de su martirio, resultaron ser magníficos objetos de la devoción popular. Por su parte, los pinceles de Zurbarán reflejaron de forma insuperable otra de las más importantes realidades religiosas: el misticismo y la proliferación de las órdenes regulares, tan abundantes que en el siglo XVII se pusieron numerosos obstáculos a la fundación de nuevos conventos.

Otro de los grandes temas pictóricos fue la Inmaculada Concepción, cuya defensa llegó entonces hasta el punto de convertirse en una cuestión nacional; en España la Concepción Inmaculada de María fue asumida como dogma de fe antes de ser declarada como tal por la Iglesia. En ciudades, villas y aldeas los cabildos municipales pronunciaron votos solemnes en defensa de la Inmaculada y los ayuntamientos no hacían sino recoger el ambiente reinante; en muchos lugares se abrieron los cabildos y la asistencia de vecinos al juramento solemne del voto en alguna parroquia o convento era masiva. En estas circunstancias la imagen de la Inmaculada se convirtió en tema obligado para pintores y escultores. Murillo simbolizó como nadie estos sentimientos de devota piedad.

De entre las advocaciones marianas, la Inmaculada Concepción fue la que despertó mayor fervor popular en España, incluso antes de su declaración como dogma de fe. Los más grandes pintores e imagineros realizaron obras de la Inmaculada creando una bella iconografía. *Inmaculada Concepción*, de Alonso Cano.

Las procesiones y los imagineros

Las procesiones como manifestación de sentimientos religiosos y de fervor popular, que, además, estaban apoyadas por la jerarquía eclesiástica por lo que tenían de manifestación extrema y colectiva de religiosidad, recibieron un notable impulso, cobrando en el tránsito del siglo XVI al XVII un inusitado vigor. Constituían un espectáculo a cielo abierto en el que participaba la casi totalidad de la población y cuyo centro era una imagen, por lo general escultórica, que se sacaba en procesión.

Ya nos hemos referido al papel de algunas procesiones al tratar de las festividades religiosas; ahora queremos subrayar tanto el papel de los artistas que hicieron las imágenes, como la existencia de procesiones ocasionales, casi siempre rogativas, impulsadas por las dificultades que jalonaban el vivir cotidiano, tales como las sequías, las inundaciones o las epidemias.

A la escultura española del barroco se le suele dar el nombre de imaginería por su abundante producción de imágenes religiosas. Desde un punto de vista material se trata de tallas en madera policromada cuya fuerza expresiva era muy grande. Hermandades y cofradías, parroquias y conventos, órdenes religiosas y cabildos catedralicios fueron

La imaginería española, es decir, las imágenes religiosas en madera tallada y policromada, alcanzó en este período un alto nivel de desarrollo técnico y estético, expresión de una creatividad artística puesta al servicio de la religión. *Santo Entierro*, obra del escultor de Juan de Juni (1544).

los grandes clientes de los imagineros, a quienes se encargaban obras que moviesen a los creyentes a la piedad, a la compasión o al arrepentimiento. Por ejemplo, Martínez Montañés, en el contrato que se suscribió para hacer el Cristo de la Clemencia, se comprometía a dar a la imagen este aspecto:

«La cabeza inclinada mirando a cualquier persona que estuviere orando al pie de él como que le está el mismo Cristo hablando.»

La devoción popular se centraba en imágenes concretas —una imagen de la Virgen, un determinado Cristo— que variaban mucho de unos lugares a otros, y las plegarias a determinados santos como abogados de problemas concretos estuvieron generalizadas. Por ejemplo, San Roque era el abogado contra la peste y Santa Bárbara contra los rayos y las tormentas.

El siglo XVII fue pródigo en calamidades. Numerosos años de sequía trajeron las consiguientes hambres; en los momentos más críticos se multiplicaban las procesiones y rogativas para implorar el perdón y la misericordia divina por mediación de la Virgen y los santos más venerados.

Las gentes de entonces consideraban que Dios controlaba hasta las cosas más triviales y permitía las calamidades como respuesta a la maldad y al pecado. Las desgracias se tenían como castigo divino, y para alejarlas eran necesarios actos de desagravio, en forma por lo general de procesiones y rogativas.

Las tres grandes epidemias que azotaron la Península en aquella época (1597-1602; 1647-1652 y 1676-1683) provocaron explosiones de religiosidad popular; en muchos lugares se cerraron los teatros, pues para algunos las representaciones constituían un espectáculo pecaminoso, con el fin de recuperar la benevolencia divina.

Entre las imágenes que llaman a la devoción y al recogimiento destaca la del fundador de la orden de los cartujos, San Bruno, obra maestra de la escultura del siglo XVII, realizada en piedra por Pereira. Cuenta la tradición que del sepulcro de San Bruno brotó una fuente cuya agua curaba a los enfermos.

Actitudes ante la muerte

La muerte resultó extremadamente familiar a los españoles del Siglo de Oro. La Iglesia luchó por todos los medios contra determinados excesos vitalistas, defendiendo que la vida era un *valle de lágrimas* y en todo caso una preparación para el más allá, al que todos debían llegar en las mejores condiciones. Por ello no deben extrañarnos las abundantes noticias de moribundos cuyo único deseo era la confesión, un sacerdote que ayudase a bien morir. La palabra *confesión*, como exclamación final de un moribundo atravesado por una estocada, constituye una de las estampas clásicas del teatro barroco, y los *Avisos* de Pellicer están llenos de noticias sobre la muerte de hombres en circunstancias violentas, pidiendo a gritos confesar.

También la muerte, como los santos, los frailes o la Inmaculada tuvo su pintor: es el sevillano Valdés Leal, quien vivió, siendo joven, la terrible mortandad que la peste causó en su ciudad y esta experiencia debió de marcarle de forma indeleble. Sus cuadros son una crítica demoledora a las vanidades terrenales. Los dos lienzos más famosos le fueron encargados por don Miguel de Mañara, todo un símbolo del desprecio a los bienes terrenales y la concepción de la vida como un lento e imparable caminar hacia la muerte.

La muerte era el instante supremo de la existencia: la hora de la verdad. Y en ese momento había que estar a la altura de las circunstancias; la gallardía mostrada en este trance por don Rodrigo Calderón, valido de Felipe III, salvó su imagen para la posteridad, cuando fue conducido al patíbulo acusado de graves delitos.

Lo cotidiano de la muerte a lo largo del Siglo de Oro permite hablar de una «cultura necrófila»; pero como reación a esta presencia continua de lo macabro, la vida se mostró también en todo su esplendor, como una auténtica fiesta.

Ante la muerte

Don Rodrigo Calderón, marqués de Siete Iglesias, fue ejecutado públicamente en Madrid, en 1621, acusado por el conde-duque de Olivares de numerosos delitos. Su entereza a la hora de morir hizo popular la frase «con más orgullo que don Rodrigo en la horca», aunque su ajusticiamiento se hizo por degollación dada su pertenencia a la nobleza. Apunte del marqués el día de su ejecución.

Datos para una historia

Año	España	Cultura
1517	Comienza el reinado de Carlos I.	Impresión de la Biblia Políglota Complutense.
1519	Carlos I es elegido emperador de Alemania con el nombre de Carlos V.	Establecimiento del Correo español. Diego de Siloé inicia la «escalera dorada».
1520	Levantamiento de las Comunidades de Castilla y movimiento de las Germanías en Valencia y Mallorca. Comienza la guerra contra Francisco I de Francia.	Muere Bartolomé Ordóñez, que había labrado las tumbas de Felipe el Hermoso, Juana la Loca y el cardenal Cisneros. Bigarry inicia el retablo de la Capilla Real de Granada.
1525	Batalla de Pavía, Francisco es hecho prisionero; por el tratado de Madrid es puesto en libertad. Comienza la segunda guerra entre España y Francia (1526).	Se inicia la fachada plateresca de la Universidad de Salamanca y la catedral de Segovia. Pedro Machuca comienza el palacio de Carlos V en la Alhambra de Granada.
1536	Tercera guerra contra Francisco I.	Muere Garcilaso de la Vega.
1540	Fundación de la Compañía de Jesús.	Nace el músico Tomás Luis de Vitoria.
1545	Comienza el Concilio de Trento.	Edición de las obras líricas de Garcilaso de la Vega (1543).
1547	Carlos I vence a los protestantes en Mühlberg y hace prisioneros a los príncipes electores.	Nace Miguel de Cervantes en Alcalá de Henares. Berruguete termina su *Transfiguración de Cristo*.
1554	Carlos I cede Nápoles y Milán a su hijo Felipe II, por su boda con María Tudor.	Sale a la luz la primera novela picaresca: *La vida del Lazarillo de Tormes*.
1556	Carlos I abdica en Bruselas; comienza el reinado de Felipe II.	Fray Luis de Granada escribe la *Guía de pecadores*.
1558	Primera bancarrota de la Hacienda española.	*Memorial* de Luis Ortiz.
1559	Tras San Quintín, Francia firma la paz de Cateau-Cambrésis. Se celebran autos de fe contra protestantes en Valladolid y Sevilla.	Se prohíbe a los españoles estudiar en el extranjero, con lo que se inicia el aislamiento científico y cultural de la España Moderna.
1563	Finaliza el Concilio de Trento. Segunda bancarrota de la Hacienda.	Se inicia la construcción del monasterio de El Escorial.
1568	Los moriscos se sublevan en las Alpujarras; la rebelión durará hasta 1571.	Nace Martínez Montañés, figura cumbre de la imaginería religiosa española del Barroco.
1571	Victoria contra los turcos en Lepanto.	Juan de Juni realiza su *Santo Entierro*.
1574	Tercera bancarrota de la Hacienda española.	Se abre el corral de la Pacheca, primero de la Corte.

Año	España	Cultura
1580	Tras la muerte sin descendencia del rey don Sebastián, Felipe II es proclamado rey de Portugal en las Cortes de Thomar.	Muere el pintor Sánchez Coello. El Greco pinta *El entierro del Conde de Orgaz* (1586).
1596	Cuarta bancarrota de la Hacienda.	El Greco pinta la *Coronación de María*.
1598	Muere Felipe II; le sucede su hijo Felipe III. Valimiento del duque de Lerma.	El Greco, retablo de San Martín. Nacen los pintores Zurbarán y Velázquez (1599).
1605	La corte española regresa a Madrid.	Sale a la luz la primera parte de *El Quijote*.
1609	España firma con Holanda la Tregua de los Doce Años. Se decreta la expulsión de los moriscos.	Segunda parte de las *Comedias*, de Lope de Vega. *El arte nuevo de hacer comedias*, de Cervantes.
1619	Comienza la intervención española en la Guerra de los Treinta Años. Los tercios derrotan a los protestantes en la batalla de Montaña Blanca.	Lope de Vega escribe *Fuenteovejuna*. Juan Gómez realiza la Plaza Mayor de Madrid, de estilo herreriano.
1621	Muere Felipe III, comienza el reinado de Felipe IV, con su valido el conde-duque de Olivares.	Góngora escribe poemas religiosos y de tema amoroso.
1635	Francia declara la guerra a España, interviniendo directamente en la guerra de los Treinta Años.	Velázquez pinta *Las lanzas* inspirado por la toma de Breda. *La vida es sueño*, de Calderón de la Barca.
1640	Sublevación de Portugal y Cataluña.	Sale a la luz *El político*, de Baltasar Gracián.
1641	Fallida conspiración reparatista en Andalucía, cuyo principal instigador es el duque de Medina-Sidonia.	José de Ribera pinta *Santa Inés*. Vélez de Guevara escribe *El diablo cojuelo*.
1643	Derrota de los españoles en Rocroi a manos de las tropas francesas de Condé. Caída de Olivares.	Calderón de la Barca escribe *El alcalde de Zalamea*.
1648	Se firma la paz de Westfalia, que pone fin a la Guerra de los Treinta Años, pero continúa la guerra contra Francia. España reconoce la independencia de los Países Bajos.	Sale a la luz el *Parneso Español*, de Quevedo.
1659	Se firma la Paz de los Pirineos. España, obligada por la derrota de las Dunas, reconoce la supremacía francesa.	Aparece la Gaceta de Madrid, que con el tiempo se convertirá en el *Boletín Oficial del Estado*.
1665	Muere Felipe IV y comienza le reinado de Carlos II, bajo la regencia de Mariana de Austria.	Murillo pinta la *Inmaculada*, del Museo del Prado.

Glosario

Alcalde Mayor
En la Edad Moderna, magistrado-juez que auxiliaba al corregidor en los aspectos judiciales de su cargo. Administraba justicia y sus sentencias se llevaban en apelación a las Chancillerías y Audiencias.

alumbrados
Secta religiosa surgida en España a finales del siglo XVI. Se les llamaba así porque creían estar directamente iluminados por el Espíritu Santo. Sus miembros defendían que mediante la oración se llegaba al estado perfecto, rechazaban los sacramentos y predicaban la lectura directa de la Biblia. El iluminismo se desarrolló inicialmente en Toledo y Valladolid; sus miembros procedían de la pequeña burguesía castellana y las mujeres eran muy numerosas e influyentes en la secta. Uno de sus centros más importantes estuvo en Llerena.

Archivo de protocolos
Lugar donde se custodian los documentos expedidos por los notarios o escribanos, tales como testamentos, escrituras de propiedad, actas de compra y venta, etc.

auto de fe
Acto público y solemne en el que se pronunciaban y ejecutaban las sentencias de la Inquisición. Se concebía como una reparación y una manifestación pública de la fe y la ortodoxia; tenía un sentido ejemplar, y por ello se invitaba a participar en ellos a toda la población y a las autoridades.

autos sacramentales
Breves composiciones dramáticas en las que intervenían personajes bíblicos o alegóricos. Los más típicos se centraban en torno al sacramento de la Eucaristía; de ahí su vinculación a las celebraciones del Corpus Christi.

baldíos
Tierras sin cultivar que solían usarse para aprovechamiento de los vecinos del término municipal en el que estaban y que eran consideradas propiedad de la Corona.

Cabildo abierto
Cabildo significa reunión. En el caso de los Ayuntamientos, es el nombre dado al conjunto de individuos que rigen el municipio o a las sesiones celebradas por los mismos. Se les daba el nombre de abiertos cuando se permitía la entrada a los vecinos con voz y voto.

Camino español
Vía de comunicación que corría a lo largo de la frontera francoalemana. Ponía en comunicación, a través del Franco Condado y del ducado de Borgoña, el norte de Italia y los Países Bajos. Fue utilizado por los tercios españoles durante los siglos XVI y XVII.

Capitulaciones matrimoniales
Convenio que se realizaba entre las personas que iban a contraer matrimonio en el cual se determinaba la aportación de bienes que cada cónyuge realizaba. Se hacía mediante escritura pública.

colegios mayores
Instituciones universitarias creadas, en principio, para que los estudiantes pobres residieran y se educaran en ellas. Estrechamente vinculados a las universidades algunos colegios acabaron suplantándolas. El prestigio de su enseñanza hizo que perdieran su sentido primitivo convirtiéndose en centros elitistas a los que sólo tenían acceso miembros de las familias más distinguidas.

Concilio de Trento
Reunión de los cardenales y teólogos de la Iglesia Católica celebrada en la ciudad de Trento entre 1545 y 1563. En sus sesiones se concretó el espíritu de la Contrarreforma para poner freno a la expansión de los protestantes; se revisaron los dogmas y reglas de la Iglesia Católica y se puso especial énfasis en la reforma de las costumbres del clero.

Consejo de Castilla
Organismo fundamental de la administración de la Corona de Castilla. A pesar de denominarse Consejo sus atribuciones no eran meramente consultivas: además de asesorar al monarca tenía funciones ejecutivas y judiciales, actuaba como Tribunal Supremo, y entendía asimismo en los asuntos eclesiásticos.

Constituciones sinodales

Conjunto de normas que elaboran los clérigos de una diócesis, bajo la presidencia de su obispo, para determinar los asuntos eclesiásticos en el ámbito de la misma.

cordobanes

Pieles curtidas, generalmente de cabra, que se utilizaban para confeccionar zapatos u objetos de decoración. Su nombre deriva de la ciudad de Córdoba, por la fama que adquirieron las pieles curtidas y trabajadas en esta ciudad.

crisis de subsistencia

Períodos de dificultad y escasez que se producían cíclicamente en las sociedades preindustriales como consecuencia de una serie de malas cosechas. La escasez de grano hacía subir los precios, a la crisis agraria se unía la crisis económica, pues descendían las ventas de los productos artesanales y textiles. El resultado era el hambre, el aumento de la mendicidad, del paro y de la mortalidad. En estas crisis está el origen de la mayoría de las revueltas populares de la Edad Moderna.

Diezmo eclesiástico

Décima parte de la producción agropecuaria que los campesinos tenían obligación de entregar a la Iglesia. Constituía una pesada carga para los agricultores.

Escribano del cabildo

El oficio de escribano durante los siglos XVI y XVII era equivalente al de los actuales notarios; es decir, daban fe pública de documentos. El escribano del cabildo era el que actuaba de notario en los asuntos del Ayuntamiento

Gallarda

Danza cortesana que, probablemente, deriva de alguna danza italiana. Tenía un carácter vivo y constaba de cinco pasos; estuvo muy de moda durante el siglo XVI. Música de esta danza que se interpretaba con el laúd o la guitarra.

hojas volanderas

Eran hojas sueltas impresas que contenían noticias de sucesos. Se vendían con facilidad y pasaban de mano en mano.

jueces ejecutores

Recibían este nombre los jueces encargados por la Real Hacienda de cobrar en los pueblos los débitos de los vecinos en materia fiscal. Fue proverbial su dureza para con los pobres y el aprovechamiento personal que hacían del cargo.

luminarias

Se denominaban así las iluminaciones que decretaban las autoridades para celebrar algún acontecimiento feliz. Los vecinos colocaban antorchas en las fachadas de sus casas y durante varias horas la luz de ellas contrastaba con la oscuridad habitual de las calles.

ordenanzas municipales

Conjunto de normas elaboradas por los Ayuntamientos para regular la vida municipal. Eran muy minuciosas y, a veces, pormenorizaban hasta en los más mínimos detalles algunos aspectos de la vida local.

pósito municipal

Organismo municipal cuyo objetivo era hacer acopio de grano para prestarlo a los labradores o para proceder a su distribución en momentos de crisis. También se daba el nombre de pósito al lugar donde se almacenaban los granos.

Relaciones Topográficas

Encuestas llevadas a cabo por la administración de Felipe II en 1575 y 1578, contenían 57 y 45 preguntas, respectivamente, sobre agricultura, artesanado, comercio, derechos señoriales, demografía, etc. Las *Relaciones* se conservan en la Biblioteca de El Escorial y constituyen una fuente primordial para el estudio de la historia económica y social.

Solimán

Cosmético hecho a base de distintos preparados de mercurio; era utilizado por las mujeres para blanquearse la piel.

trébedes

Aros o triángulos de hierro, normalmente con un asidero largo, que sirven para colocar vasijas sobre el fuego.

Indice alfabético

Bibliografía

Bennassar, B., *Los españoles. Actitudes y mentalidad.* Argos-Vergara, Barcelona, 1976.

Bennassar, B., *La España del Siglo de Oro.* Editorial Crítica, Barcelona, 1983.

Defourneaux, M., *La vida cotidiana en la España del Siglo de Oro.* Argos-Vergara, Barcelona, 1983.

Deleito y Piñuela, J., *La mala vida en la España de Felipe IV.* Espasa-Calpe, Madrid, 1959.

Deleito y Piñuela, J., *...También se divierte el pueblo.* Alianza Editorial, Madrid, 1988.

Díaz Borque, J. M.ª, *La sociedad española y los viajeros del siglo XVII.* Madrid, 1975.

Domínguez Ortiz, A., *El Antiguo Régimen. Los Reyes Católicos y los Austrias.* Alianza Editorial, Madrid, 1988.

Domínguez Ortiz, A., *Las clases privilegiadas en la España del Antiguo Régimen.* Editorial Istmo, Madrid, 1973.

Elliot, J. H., *La España Imperial.* Vicens Vives, Barcelona, 1986.

García Mercadal, J., *Viajes de extranjeros por España y Portugal.* Alianza Editorial, Madrid, 1979.

Kamen, H.; Elliot, J. H. y Domínguez Ortiz, A., *La España del siglo XVII.* Cuadernos Historia 16, n.º 28, Madrid, 1985.

Liñán y Verdugo, A., *Guía de avisos y forasteros que vienen a la Corte.* Edición de Edison Simons; Editora Nacional, Madrid, 1980.

López-Salazar Pérez, J., *Estructuras agrarias y sociedad rural en la Mancha (SS. XVI-XVII).* Instituto de Estudios Manchegos, Ciudad Real, 1986.

García Cárcel, R., *La vida en el Siglo de Oro.* Cuadernos de Historia-16, números 129 y 130, Madrid, 1988.

Pellicer, J., *Avisos históricos.* Selección de Enrique Tierno Galván; Taurus Ediciones, Madrid, 1965.

Peset, M. y Peset, J. L., *La cultura del Siglo de Oro.* Cuadernos Historia 16, n.º 56, Madrid, 1985.

Salomón, N., *La vida rural castellana en tiempos de Felipe II.* Editorial Ariel, Barcelona, 1982.